BIENVENUE DANS LE CAPITALISME 3.0

Philippe Escande
Sandrine Cassini

BIENVENUE DANS LE CAPITALISME 3.0

Albin Michel

A Geneviève, partie avant que tout commence

A Rose, arrivée avant que tout s'achève

« Le monde qui s'élève est encore à moitié engagé sous les débris du monde qui tombe, et, au milieu de l'immense confusion que présentent les affaires humaines, nul ne saurait dire ce qui restera debout des vieilles institutions et des anciennes mœurs, et ce qui achèvera d'en disparaître. »

Alexis de Tocqueville,
De la démocratie en Amérique, 1840

Introduction

Ce livre est un voyage dans un pays qui nous semble si familier que nous n'y prêtons même plus attention. Un voyage dans la chambre d'à côté où la fille ne décolle plus de Facebook et le garçon de son cours de guitare sur YouTube. Un voyage au coin de la rue où il suffit de caresser son téléphone pour faire venir un taxi, emprunter une voiture ou louer sa chambre d'hôtel au bout du monde. Bientôt dialoguer avec son député. Mais aussi un plongeon dans le cauchemar de l'espionnage généralisé et de la propagande la plus épouvantable. Les dix dernières années resteront comme celles du basculement dans ce monde totalement nouveau du capitalisme 3.0.

Prenez notre humble profession de journaliste. Sur l'immense façade vitrée qui couvre l'immeuble du journal *Le Monde*, dans le XIIIe arrondissement de Paris, Victor Hugo s'extasie devant la puissance de la presse : « C'est par le journal envolé en feuilles innombrables que la civilisation essaime », proclame-t-il. Mais la civilisation a-t-elle encore besoin des journaux ?

En une génération, ce monde a volé en éclats. Plus de machine à écrire, de carbone, de pneumatiques, de maquettistes, de garçons d'étage, d'interminables rubans de dépêches. Toute cette vie bruyante et cadencée, encore omniprésente jusqu'à la fin des années quatre-vingt, a été absorbée par les réseaux informatiques et par internet. Plus vraiment de lecteurs pour les journaux papier non plus. En à peine dix ans, les ventes en kiosques des grands quotidiens français ont été réduites de moitié.

Il a suffi d'un quart de siècle pour que se produise un phénomène extraordinaire, comme il ne s'en produit pas à chaque génération. Révolution technologique, mais aussi révolution des usages qui met à terre une profession, des métiers, une vision du monde.

Cette vague ne s'est pas arrêtée à la presse. Les encyclopédies et la musique ont été touchées dès la fin des années quatre-vingt-dix. Avec à chaque fois les mêmes conséquences : bouleversement des techniques, basculement des usages. Bienvenue dans le capitalisme 3.0 !

Si le capitalisme a commencé à se déployer quelque part vers la Renaissance, supplantant progressivement la féodalité du Moyen Age, son essor à la fois idéologique et matériel s'est produit avec la première révolution industrielle au tournant du XVIIIe siècle. Son premier âge, tonitruant et désordonné, a occupé tout le XIXe, celui de l'acier, de la vapeur, de l'enthousiasme scientifique et de la misère ouvrière dénoncée par Marx et Dickens. Le deuxième est celui de l'électricité et du pétrole. Organisation fordiste, grands conglomérats et société de consommation ont porté la plus formidable période de croissance de l'histoire, seulement interrompue par les deux conflits mondiaux.

Le troisième âge a commencé sa carrière au tournant des années quatre-vingt, porté par trois grandes forces, la libéralisation financière, la mondialisation des échanges et, bien sûr, la révolution numérique, qui a soutenu les deux autres, à la faveur des deux séismes politiques de la fin du XXe siècle qu'ont été l'effondrement de l'URSS et l'ouverture de la Chine.

Le propos de ce livre est de raconter que, désormais, la machine numérique est en train de s'attaquer à toute la société et que personne n'en sortira indemne. Le monde change à tous les niveaux, du plus concret, l'usage des taxis à Paris, la réservation d'un hôtel, la fabrication d'une voiture, au plus intellectuel : les comportements, la façon de penser, de vivre et d'organiser la société. C'est le principe des grandes révolutions industrielles. Elles s'insinuent dans tous les secteurs, et les conséquences sociétales marchent de pair avec les bienfaits matériels.

La toute fin du XIXe siècle a été propice à ce genre de bouleversements qui touchent aussi bien aux grandes industries et à la vie publique qu'aux petites habitudes du quotidien. Soudain un monde bascule.

En 1880, un journaliste, déjà, criait son exaspération. « Eh bien oui, toute cette explosion de science mène droit à l'écrasement de ce qui était la vie normale de l'homme. L'homme à venir aura plus de confort et moins de joies, plus de luxes et moins de bonheur. L'électricité, qui décuple la vie, lui enlève aussi de son charme. On n'a plus, en wagon, le temps de voir le paysage. On n'aura plus, dans l'existence que nous feront les savants – que j'admire – le temps de savourer les mets, de causer, de vivre, de faire halte. Les vieux domestiques fidèles et classiques, mourant dans la maison qui était un peu la leur, deviennent rares : ils n'ont même plus besoin d'exister. Un bouton pressé les remplacera[1]. »

Voilà notre problème. Nous apparaissons perdus devant l'immensité d'un changement qui perturbe même les plus grands esprits. Nous nous désolons de ses méfaits tout en nous plaignant que ses bénéfices ne soient pas plus massifs. Et les économistes du monde entier, américains en tête, s'étripent sur le sujet. S'il s'agit d'une vraie révolution, pourquoi n'a-t-elle aucun effet sur la croissance, la productivité, l'emploi ? Pourquoi la nouvelle prospérité tarde-t-elle tant à venir ?

Les inventions sont longues à produire leurs fruits. L'aventure de l'électricité a commencé en 1800, avec la pile de Volta. Ce n'est que vers 1850 qu'est apparue la première utilisation massive de cette nouvelle technologie avec le télégraphe. Et il a fallu attendre encore trente ans pour voir apparaître le téléphone. Quant à l'éclairage, il a émergé

1. Alain Beltran et Patrice Carré, *La Fée et la Servante. La société française face à l'électricité, XIXe-XXe siècle*, Belin, 1991.

à la fin du XIXe siècle et s'est répandu tout au long de la première moitié du XXe. Aujourd'hui, plus de deux cents ans après Volta, on s'ébahit encore devant la perspective de disposer bientôt d'avions et de voitures électriques.

Il en est de même avec le numérique qui va se déployer durant le siècle à venir et au-delà.

Notre monde, celui des entreprises, des administrations, de l'Etat, prend conscience de la menace. Quand nous avons commencé notre enquête, fin 2013, nombre de nos interlocuteurs s'étonnaient que l'on évoque le danger alors qu'eux ne voulaient y voir qu'une « formidable opportunité de développement ». Très vite, le discours a changé. Remplaçant l'enthousiasme précédent par une question lancinante : et si Google faisait un jour mon métier ?

La panique saisit progressivement tous les acteurs économiques quand un obscur éditeur de logiciels de San Francisco vient démolir un marché protégé depuis deux siècles, comme celui des taxis parisiens. Ou quand Booking.com devient en dix ans la première centrale de réservation d'hôtels dans le monde et vient dicter ses prix aux professionnels du secteur. Petit à petit tous les pans de l'activité économique sont attaqués par ces nouveaux venus.

Derrière cette offensive en règle, une angoisse sourde est en train de monter. Et si ce qui est arrivé aux encyclopédies, aux journaux ou à l'industrie musicale était en train de se propager à tous les secteurs ? A qui le tour ? Pour le professeur du MIT Erik Brynjolfsson, la révolution numérique est en train tout simplement d'automatiser le travail intellectuel, comme les précédentes révolutions industrielles ont automatisé le travail manuel[1]. Les ordinateurs savent désormais lire, écrire des articles, analyser des chiffres, parler, et même gagner aux jeux télévisés les plus retors ! Un ouragan va s'abattre sur le monde des emplois de bureaux. Pas seulement des secrétaires et des employés de banque, mais aussi des analystes, des avocats, des journalistes et pourquoi pas des médecins… La moitié des emplois de services serait menacée, selon l'université d'Oxford.

Si les salariés ont du souci à se faire, les consommateurs, eux, applaudissent des deux mains. Car l'internet libère l'individu des contraintes anciennes. Le consommateur citoyen, toujours plus autonome, peut apprendre, échanger, communiquer tout le temps, partout. Fini les intermédiaires coûteux et inefficaces, fini la propriété, tout se partage sur le net, à l'infini : mes informations, ma musique, ma voiture, ta perceuse, mon canapé. Et bienvenue à tous mes amis du monde qui me disent si le resto en bas de la rue est correct, que penser de ce petit hôtel à Kuala Lumpur, du dernier livre de Houellebecq, de la voiture de mes rêves et même de mon futur patron… C'est la civilisation de la transparence et des bons plans pas chers. Y compris pour ses affaires de cœur. Il existe plus de deux mille sites de rencontres en France.

1. Erik Brynjolfsson et Andrew McAfee, *The Second Machine Age, Work, Progress and Prosperity in a Time of Brilliant Technologies*, Norton, 2014.

Pour que se produise l'étincelle qui allait mettre le feu à notre monde ancien, il a fallu la rencontre extraordinaire de trois technologies. D'abord l'informatique, née au sortir de la Seconde Guerre mondiale dans le cerveau de petits génies des mathématiques comme le Britannique Alan Turing. Mais ce n'est qu'au tournant des années soixante-dix que celle-ci a croisé sur sa route la micro-électronique, avec les premiers microprocesseurs, qui allait la doter d'un cerveau de plus en plus puissant et de plus en plus petit. Restait à inventer l'instrument de sa dissémination, avec le réseau internet apparu à la même époque. Alliance inédite de l'intelligence, de la miniaturisation et de l'ubiquité. Paradoxalement, c'est la crise économique de 2008, année du déploiement de l'iPhone d'Apple, qui va accélérer la marche en avant du phénomène en l'introduisant dans toutes les mains, dans toutes les poches.

Toutes les organisations, qu'il s'agisse d'entreprises, d'administrations, d'écoles ou d'associations, vont devoir apprendre à travailler avec des employés surinformés et rétifs à l'autorité traditionnelle. L'entreprise taylorienne a duré plus de cent ans. Elle doit changer de logiciel.

Certains prédisent déjà la mort du salariat dans la foulée de cette transformation. Tous auto-entrepreneurs ! Tous précaires aussi. Entre le travail indépendant, le travail dissimulé et la débrouille, une immense zone grise échappant à tous les contrôles – fiscaux, sociaux, légaux – est en train de se constituer. Beaucoup y voient un nouveau recul social, d'autres les prémices d'une nouvelle société faite d'échange et de partage, de liberté. Seul problème, le salariat est né, au XIXe siècle, de la nécessité de protéger les employés. Comment réinventer l'Etat-providence à l'ère du capitalisme 3.0 ?

Paradoxalement, si une bonne partie de ces nouveaux échanges sort du radar économique, jamais l'homme n'a autant été sous surveillance. Nos moindres faits et gestes, nos pensées les plus secrètes, tous nos déplacements sont traqués. Comme si la liberté gagnée devait se payer d'un asservissement plus grand encore. Et que la seule façon d'y échapper serait de se retirer totalement de ce nouveau monde, de vivre en ermite numérique.

La vie professionnelle, publique et privée sortira bouleversée de ces changements. La vie politique aussi. Elle s'est invitée sur la toile par les blogs, ressuscitant le vieux fantôme de la démocratie athénienne qui donne la parole à tous les citoyens et se méfie comme de la peste des corps intermédiaires. La voie vers une rénovation de la politique, mais aussi la porte ouverte à tous les populismes.

Dans ce nouvel univers, Google remplace General Electric comme symbole de la puissance américaine, la société de la consommation et de la propriété se transforme en société de l'usage et du partage et la Chine se dresse face à la superpuissance américaine. Va-t-on finalement assister à la mort du capitalisme sous les coups de boutoir de la gratuité offerte par internet, comme l'imagine le prospectiviste Jeremy Rifkin[1] ?

1. Jeremy Rifkin, *La Nouvelle Société du coût marginal zéro*, Les liens qui libèrent, 2014.

Rien n'est moins sûr, tant ce système est adaptable. L'histoire n'est pas écrite d'avance, mais elle est en marche. Et cette prise de conscience a commencé pour nous un matin de janvier sur le boulevard périphérique parisien…

PREMIERE PARTIE

PANIQUE A BORD

1

Un vent de révolte

Des jets d'œufs et de ketchup, des vitres cassées, des pneus crevés : en ce mois de janvier 2014, les témoignages d'agression pleuvent sur les réseaux sociaux. Des voyageurs, à bord de voitures Uber, sont pris pour cible par des chauffeurs de taxis en furie. Malgré les appels au calme, le premier mouvement de grève des taxis parisiens de l'année est en proie à de sérieux débordements. Ivres de colère, les grévistes brisent des rétroviseurs, vandalisent des véhicules, crachent sur les clients. Sur le périphérique, des check-points de fortune sont érigés, le trafic, filtré. Gare à la voiture Uber qui passe ! Gare aussi au taxi non gréviste, qui se voit infliger le même châtiment. Cette fois, la coupe est pleine. Les assaillants ont décidé d'en découdre avec ces nouvelles « black cars », siglées Uber ou Chauffeur-privé qui sillonnent la ville en toute impunité et veulent tuer leur travail.

Des hôtels et des trains

Les chauffeurs ne sont pas les seuls à prendre les armes en ce début d'année 2014. Les hôteliers sont furieux eux aussi et font pleuvoir une pluie de procès sur Booking.com, Expedia et consorts. Ces nouvelles plates-formes de réservation du Web, capables d'attirer un maximum d'internautes, représentaient, au départ, un espoir fou pour la profession : la promesse d'optimiser le remplissage des chambres en attirant facilement de nouveaux clients. Tous se sont donc précipités vers ces sites en mettant à la vente entre 50 et 60 % de leurs chambres. Las, quelques années plus tard, c'est la douche froide. Non seulement ces nouveaux intermédiaires, qui au passage ont détruit bien des agences de voyages, n'amènent pas de nouveaux clients mais, en plus, ils détournent une clientèle déjà présente qui, autrefois, transitait par d'autres intermédiaires.

Un vent de panique gagne la France. Le tsunami internet, qui a déjà détruit une bonne part de l'industrie de la musique et de la presse, s'infiltre désormais partout. Les transports et l'hôtellerie sont les prochains sur la liste. Même le puissant monopole de la SNCF commence à se poser des questions. En septembre 2013, le patron de la SNCF, Guillaume Pepy, a tenu devant ses troupes un étonnant discours à l'intonation guerrière. Le P-DG assure que les nouveaux ennemis de la compagnie de chemin de fer et de ses deux cent soixante mille salariés s'appellent... Google et Blablacar, le site de covoiturage qui transporte chaque mois plus de deux millions de voyageurs. Sa crainte : voir, comme dans le tourisme, émerger de nouveaux intermédiaires qui détournent sa clientèle et lui fassent perdre le contact avec ses voyageurs. Et, pourquoi pas, lui volent un jour son métier !

La boule au ventre

Comment ces nouveaux intrus font-ils pour concurrencer des professions aussi établies et réglementées ? En contournant les règles établies. A trente-deux ans, Ibrahima Sylla, ne manque pas une manifestation pour défendre son statut de chauffeur de taxi face à cette concurrence qu'il juge déloyale. Pour le jeune homme, comme pour d'autres, le ciel s'est particulièrement assombri depuis 2013. « Quand on s'est engagé, on était sur un marché protégé. Et du jour au lendemain, des gens arrivent. Avant, quand je “sortais”, j'étais serein, indépendant. Maintenant, j'ai la boule au ventre. Je suis sous pression. Aujourd'hui, on va à l'aéroport, c'est rempli de VTC[1]. Même la SNCF ne travaille plus avec nous et préfère les compagnies high-tech », se plaint l'artisan taxi au costume impeccable et à la cravate chic, le kit indispensable pour transporter à bord d'une coûteuse Mercedes les clients « affaire » envoyés par les Taxis Bleus[2]. Il faut dire qu'à la fin de la journée, les recettes sont

1. VTC : voiture de tourisme avec chauffeur.
2. Formule d'abonnement pour les entreprises.

maigres. Sur « les 220 euros de chiffre d'affaires quotidien, je paie 100 euros de crédit, 20 à 30 de gasoil et 12 euros pour l'accès à la radio », explique l'artisan. Soit un gain brut inférieur à 90 euros, chaque jour plus difficile à réunir.

Pourtant, quand il se lance dans le métier en 2005, le jeune homme, âgé de vingt-trois ans, est plein d'espoir. A lui l'indépendance, le statut de patron, et des revenus assurés à la fin du mois. Pour obtenir un crédit bancaire, qui requiert 20 % du montant, Ibrahima Sylla œuvre alors comme « locataire » auprès d'une grande compagnie de taxis qui lui loue l'exploitation de la fameuse plaque. Il trime sept jours sur sept, onze heures par jour. Quatre ans plus tard, ses efforts sont récompensés, et Ibrahima s'offre enfin son indépendance pour 178 000 euros. Des contraintes que ne connaissent pas les chauffeurs inscrits sur l'application Uber, où l'on s'improvise professionnel du jour au lendemain, sans s'endetter, sous le simple statut d'auto-entrepreneur.

Laurent Duc, lui, est propriétaire de l'Ariana, un trois-étoiles de cent deux chambres à Villeurbanne. Il se désole : « Ils ont pris des clients qui venaient directement chez moi. » Et ce à des tarifs exorbitants : Expedia et autres Booking prélèvent des commissions de 17 % en moyenne, oscillant de 15 à 30 % selon la puissance de négociation de l'hôtel, quand les centrales de réservation traditionnelles ponctionnaient, elles, 10 à 15 % des recettes. Pour l'hôtelier, c'est cinq points de marge qui s'envolent, sans un client supplémentaire. Pire, la concurrence qui pourrait s'exercer entre eux au bénéfice de l'hôtelier n'est qu'une façade. La « parité tarifaire », qui oblige l'hôtelier à aligner les mêmes tarifs quelle que soit la plate-forme ou sur son propre site, le prive de tout mouvement. « Avant, l'hôtelier proposait dix sortes de prix dans l'hôtel, selon l'emplacement de la chambre, sa taille. Aujourd'hui, c'est impossible. Le système a banalisé les chambres et créé de la concurrence avec les résidences de tourisme », se plaint Laurent Duc. Ces nouveaux vampires pesaient en 2012 près de 30 % du chiffre d'affaires de l'hôtelier, contre 11 % quatre ans plus tôt. Au final, le bilan est maigre : l'hôtelier – qui perd la maîtrise de ses prix, de ses clients directement en relation avec Booking, lequel se charge de les fidéliser en pratiquant des opérations spéciales – est condamné « à devenir un service automatisé ».

Evidemment, les malheurs des uns et des autres ne datent pas tous de l'arrivée de ces pirates de Californie. « Le nombre de courses baisse depuis vingt ans à cause des problèmes de circulation », témoigne Yann Ricordel, le patron des Taxis Bleus. Ibrahima Sylla admet passer trois de ses onze heures de labeur dans les bouchons. Entre embouteillages et VTC, gagner sa vie comme taxi devient de plus en plus difficile. Yassine Kerkour, la cinquantaine, a connu l'âge d'or du début des années 2000. « Avant, je travaillais six heures par jour, explique-t-il. Aujourd'hui, il faut aligner onze heures pour gagner la même chose. Le temps d'attente aux aéroports est passé à deux heures et demie, soit le double d'il y a quelques années. » Et puis, il y a ces complaintes rituelles des Parisiens contre leurs chauffeurs, qui rejoignent celles des New Yorkais et de bien d'autres usagers des grandes capitales, frustrés par la piètre qualité du service qui leur est fourni et du prix souvent jugé exorbitant. Normal, à Paris, l'offre est notoirement insuffisante, avec dix-sept mille licences, dont la moitié détenue par G7, contre quatorze mille à la fin de la guerre, alors que la population de la capitale a triplé et attire plus de trente millions de touristes par an. Il reste que la chute s'accélère. « En six mois, le volume d'activité a reculé de 10 à 15 % », se plaint Yann Ricordel.

Mais il est loin d'être le seul à se lamenter. Désormais, tous les secteurs de l'économie ont du souci à se faire.

Rien ne va plus

Tiré à quatre épingles, le regard clair et légèrement dans le vague, Jean-Charles Naouri semble absorbé par l'immensité de son monde intérieur. Le P-DG de Casino est un intellectuel perdu dans un monde d'épiciers. Cet énarque, docteur en mathématique et diplômé de Harvard, aime théoriser l'action, quand ses collègues préfèrent l'école du terrain et l'apprentissage par le chef de rayon. Aujourd'hui, il égrène un drôle de chapelet : Comet, Saturn, Dixxons, BestBy, la Fnac… Requiem pour toutes les victimes, mortes ou fragilisées à l'extrême par un monstre venu de l'Ouest américain : Amazon. « Le commerce électronique est en train de devenir prépondérant dans tout ce qui n'est pas alimentaire. Le modèle de l'hypermarché est en grand danger », assure le patron de Casino. Pour lui, la messe est dite.

Une bonne part des rayons de ses magasins est en train de disparaître purement et simplement. Pas seulement les livres et les disques, mais les télévisions, les appareils électriques, et tous les objets standard ; bref, à peu près tout ce qui ne se mange pas (à l'exception des chaussettes et des dentifrices !) et qui fait une bonne part de la rentabilité des grandes surfaces. Il affiche sa fierté de résister au rouleau compresseur Amazon, avec son site Cdiscount, encore parmi les leaders en France, mais au prix d'une marge bénéficiaire quasi nulle et dont chaque centime gagné est réinvesti dans la guerre des prix. Jusqu'à quand ?

S'ils ont commencé par les industries de contenus facilement dématérialisables, comme les médias ou la musique, les nouveaux seigneurs du capitalisme s'attaquent désormais à la finance, l'énergie, la santé, l'éducation, l'immobilier, la construction et même l'agriculture ! Aucun pan de la société n'est à l'abri de la révolution numérique. C'est justement ce qui caractérise une révolution.

Parue en septembre 2013, une étude de deux chercheurs de l'université d'Oxford a fait grand bruit[1]. Elle prévoit que 47 % du total des emplois américains sont désormais menacés. Un sur deux ! Le

1. Carl Benedikt Frey et Michael A. Osborne, *The future of employment : how susceptible are jobs to computarisation ?*, Oxford University, 17 septembre 2013. http://www.oxfordmartin.ox.ac.uk/downloads/academic/The_Future_of_Employment.pdf

cabinet de conseil Roland Berger a tenté d'effectuer le même travail en l'appliquant à la France. Résultat : 42 % des emplois seraient concernés. Publiée par le magazine *Le Point*[1], la liste des jobs en sursis donne le tournis : syndic immobilier, conseiller fiscal, opticien, assistant médical, chef d'équipe en nettoyage, guide touristique, chargé des achats, secrétaire juridique, technicien cartographe, réparateur d'horloges, d'appareils photo, de distributeurs automatiques, de bicyclettes, mécaniciens... Toutes ces professions familières dont la probabilité d'automatisation est jugée par les experts de Roland Berger supérieure à 90 %. Comme tous ces métiers d'autrefois, rémouleurs, vitriers, cordonniers, matelassiers, rempailleurs, débardeurs, progressivement tombés au champ d'honneur de la révolution industrielle.

Pour s'en persuader, il suffit de se retourner un bref instant sur notre passé. Une histoire démarrée au temps des Lumières.

Wikipédia m'a tué

La première alerte est venue d'un secteur bien modeste : celui des encyclopédies. Qui s'est vraiment ému du désarroi de l'antique *Encyclopædia Britannica* et de son homologue français l'*Encyclopædia Universalis* qui encombraient les bibliothèques de nos parents de leurs volumes reliés achetés à prix d'or (plus de 1 000 euros l'édition complète) ? Ils ont

1. *Le Point*, 3 juillet 2014.

tous deux cessé en 2012 toute publication papier, tout comme Larousse avant eux. En 1991, le leader mondial Britannica affichait un chiffre d'affaires d'environ 650 millions de dollars. En 1993, Microsoft publie, sous licence, Encarta, la première encyclopédie sur CD-Rom, de bien médiocre qualité mais vendue dix fois moins cher (99 dollars) que l'œuvre monumentale de l'ancêtre britannique dont la première édition remonte à 1768, en plein siècle des Lumières. En trois ans, le chiffre d'affaires du leader historique a été réduit de moitié, tout comme la valeur du marché total des encyclopédies aux Etats-Unis. L'arrivée de l'encyclopédie gratuite en ligne Wikipédia, en 2001, bien plus complète, avec cent fois plus d'articles et actualisée en temps réel, a définitivement tué ce marché.

La presse aussi a payé son tribut aux nouveaux seigneurs. Surtout quand ils se sont attaqués à l'une de leurs principales sources de revenus : les petites annonces. En 2011, le premier groupe français de journaux d'annonces, la Comareg, avec ses mille cinq cents salariés et ses 200 éditions régionales de Paru-Vendu, a fait faillite, abattu en plein vol par un ovni venu de Norvège et baptisé en France leboncoin.fr. Ce fut le plus important plan social de l'année. D'autres ont suivi. En basculant sur internet, le quotidien *La Tribune* a perdu plus des trois quarts de ses journalistes et de son chiffre d'affaires.

Mais l'industrie culturelle la plus touchée a certainement été celle de la musique, décimée par le numérique en une décennie seulement. En dix ans, ses effectifs ont été divisés par deux. Six grandes compagnies dominaient cet univers en 2000 : Polygram, Warner, BMG, Sony, Emi et Universal. Il n'en reste que trois en 2014 (Warner, Sony-BMG et Universal). Pourtant, jamais on n'a autant écouté de musique, jamais il n'y a eu autant de festivals et de concerts pour assouvir les passions d'un public sans cesse renouvelé.

L'exceptionnelle phase de croissance de cette industrie, démarrée dans les années soixante avec la démocratisation des disques vinyles et des chaînes stéréo, puis prolongée et même amplifiée par l'invention de la cassette et du CD, a été fracassée par la vague internet.

A la fin des années quatre-vingt-dix, l'apparition de sites comme MP3.com ou Napster, qui prônent le partage sans limites et gratuit des morceaux, sonne la fin de la fête. Le décrochage a lieu dès 2001. En une décennie, les recettes baissent de moitié : moins de 7 milliards en 2013 aux Etats-Unis contre 14 milliards en 2001. En France, la rupture intervient en 2003, mais avec le même résultat : une chute de 50 % des revenus, à 603 millions d'euros en 2013. L'industrie de la musique retrouvera-t-elle un jour ses niveaux d'avant-crise ? La profession en doute. Les grands artistes continuent de vendre, mais beaucoup moins. Le disque de diamant, Graal du hit-parade, s'obtient à partir de cinq cent mille albums vendus contre un million à la fin des années 2000. Et les lauréats sont de moins en moins nombreux à le décrocher. Les stars tirent leur épingle du jeu, les autres plongent.

En dérégulant les circuits de distribution, le numérique a surtout appauvri l'ensemble de la profession, montrant la face sombre d'un mouvement de libération qui promettait l'accès à la culture, gratuitement, pour tous et partout.

Le fossé se creuse entre une poignée d'artistes gagnant toujours plus, tandis que le gros des troupes s'est sensiblement appauvri. Selon l'Adami, qui gère et redistribue les droits des artistes-interprètes, les cinq plus grosses rémunérations ont progressé de 56 % en trois ans. Pour les autres, les cachets ont été divisés par deux depuis les années quatre-vingt. Les auteurs-compositeurs enregistrés à la Sacem ont vu leur rémunération moyenne dégringoler de 26 % en une décennie, tombant à 5 282 euros par an en 2013. Désormais, les auteurs de musiques de film ou de publicité font souvent bien mieux que les auteurs-compositeurs.

On a longtemps désigné le spectacle vivant – c'est-à-dire le concert – comme la planche de salut de l'artiste, voire comme un retour aux sources salvateur après les années fric du CD. Là aussi, seules quelques vedettes profitent de la hausse du prix des billets. Les autres ont du mal à se produire autant qu'ils le désirent, et n'arrivent pas à vivre de leurs tournées.

A qui le tour ?

Pour la presse et la musique, tout comme pour l'hôtellerie et les transports, la messe est dite : les nouveaux barbares du capitalisme ont fait leur office.

Pour les autres secteurs, les alarmes sonnent les unes après les autres. C'est, par exemple, à partir de 2008 que le trafic courrier a entamé son déclin accéléré. La dématérialisation des courriers administratifs et des factures, qui représentent plus de 90 % du trafic postal, bascule à grande vitesse sur le Net. De 18 milliards en 2013, le nombre de plis envoyés chaque année en France devrait tomber à 10 milliards en 2020. En prolongeant caricaturalement la courbe, c'est vers 2030 que le dernier facteur déposera la dernière lettre dans la dernière boîte. Or, La Poste emploie aujourd'hui quatre-vingt-dix mille facteurs, sans parler de ceux qui s'activent au tri. La reconversion sera d'autant plus douloureuse que le marché du colis ou celui de la banque – les deux activités en croissance du groupe – sont ouverts aux vents de la concurrence. Déjà Amazon, le leader mondial du commerce électronique, expérimente ses propres modes de livraison.

Alarme aussi dans l'assurance, dont le métier va être totalement bouleversé par les possibilités infinies de l'informatique en réseau. Que restera-t-il du concept de mutualisation des risques qui fonde ce métier, quand les données recueillies sur chaque client permettront de déterminer avec exactitude que M. Martin a dix fois moins de chance d'avoir un accident de voiture ou une crise cardiaque que M. Roger, son voisin de palier ? Quand le travail de courtier sera remplacé par un logiciel sur un site internet ? Il est en train d'arriver et fera le même office que les agences de voyages sur internet, comme

Expedia ou TripAdvisor, qui ont décimé les agences physiques.

Selon le cabinet de conseil Roland Berger, le métier de courtier en assurances devrait à l'avenir être automatisé à plus de 90 %, laissant sur le carreau une bonne partie des quelques dizaines de milliers de personnes travaillant dans cette branche. Le raisonnement est à peu près le même pour les agences bancaires et l'ensemble de l'activité à destination des particuliers. Sur les traces de PayPal, l'ex-filiale d'eBay devenue en quelques années le principal concurrent du réseau des cartes de crédit Visa MasterCard, Amazon, Facebook, Apple et Google ont annoncé leurs offres de paiement en ligne. Y compris d'un pays à l'autre.

La révolution numérique, qui mêle la sophistication du logiciel, la puissance exponentielle du réseau et du matériel et la capacité infinie de stockage des données est en train de bouleverser toute l'économie, avec une prédilection pour les activités les plus gourmandes en main-d'œuvre et que l'on croyait à l'abri de l'automatisation, celles des services. Dorénavant, ce n'est plus le travail manuel – celui de l'agriculteur, de l'artisan, de l'ouvrier ou du forgeron que l'on remplace par des machines –, mais celui de l'employé, de l'avocat, du journaliste, de l'agent d'assurances, du banquier ou du publicitaire.

Une hécatombe qui fait pourtant bien des heureux. Jamais les consommateurs n'ont eu autant de pouvoir et de liberté. Pour eux aussi un nouveau monde émerge, mais bien plus plaisant que pour Ibrahima et ses amis taxis.

Le capitalisme 3.0 est ainsi fait : il possède toutes les qualités pour balayer les résistances des métiers classiques. La première d'entre elles est d'emporter l'adhésion massive des clients-consommateurs. C'est d'eux que vient la révolution.

2

Vive le gratuit, à bas les intermédiaires !

Faites un petit test dans votre entourage. Nous connaissons tous quelqu'un qui a testé – et adoré – Blablacar, Airbnb, Uber ou Drivy, ces sites qui font justement enrager les acteurs traditionnels. Airbnb a fait le bonheur de Julien en Guadeloupe et permet à Virginie de boucler ses fins de mois en louant son appartement parisien. Benoît boude désormais les taxis au profit d'Uber ou de Chauffeur-privé. Et Catherine et son fils Christophe ne jurent plus que par Blablacar, à la fois comme conducteur et comme passager. Un tel succès n'est pas anodin. Ces sites savent susurrer les arguments qui convainquent. Ils offrent à la fois des tarifs imbattables et se montrent d'une efficacité redoutable.

Mais surtout, si ces trublions remportent victoire sur victoire, c'est parce que les comportements individuels basculent en masse avec la démocratisation de l'accès internet mobile. Selon la Mobile Marketing Association, plus d'un Français sur deux est désormais équipé d'un smartphone, et 40 % de la population française consulte internet sur son mobile au moins une fois par jour. Tout le monde s'y met : 10 % des surfeurs sur mobile ont plus de soixante-cinq ans. Tout le monde vote pour la révolution numérique.

Ironie de l'histoire, souvent ce ne sont pas des professionnels qui fournissent les services dont les consommateurs sont fous, mais des particuliers. Voici venu le temps de « l'économie de partage », une terminologie à la résonance utopique derrière laquelle se cache un juteux business : des plates-formes valorisées parfois des milliards de dollars, et centralisées autour de particuliers désormais en concurrence directe avec les ténors de l'industrie. M. Dupont loue son appartement, sa voiture, convoie un passager sur des centaines de kilomètres, à la place d'Accor, de Hertz ou de la SNCF. Non seulement le consommateur paie moins cher, mais il s'offre en plus une expérience nouvelle, centrée autour du partage, en apparence tellement loin de l'air du temps. Petit voyage au cœur de la grande bascule numérique.

Ecouter de la musique, mais aussi se loger ou se déplacer : le numérique casse les prix. Airbnb, le site de location d'appartements de particuliers a d'abord fait un carton dans les grandes capitales mondiales, comme New York, Paris ou Londres, où les hôtels sont à la fois hors de prix et de qualité moyenne. Partout, l'argument fait mouche. « On avait une chambre chez l'habitant. C'était pas cher par rapport aux hôtels du coin, généralement de mauvaise qualité », explique Julien, qui a choisi un logement Airbnb en Guadeloupe. A San Francisco, Benoît, un cadre parti pour affaires, a loué une chambre chez l'habitant 600 dollars pour cinq nuits, là où il aurait déboursé 400 dollars la nuit d'hôtel.

Blablacar, le site de covoiturage, joue aussi sur ses tarifs très avantageux. « C'est quatre à cinq fois moins onéreux que le train et moitié moins cher que si j'utilisais ma propre voiture », explique Christophe, jeune entrepreneur de trente-trois ans, qui effectue pour des besoins professionnels des déplacements entre Montpellier et Crest dans la Drôme, un trajet mal desservi par la SNCF. Drivy, un site de location de voitures entre particuliers, bat Hertz et Avis à plate couture. Pour se balader cinq jours dans la Creuse, Julien ne déboursera que 145 euros, soit 100 euros de moins que s'il s'était adressé à un loueur classique. Pourquoi se gêner ?

Tous entrepreneurs !

Si le particulier se montre prêt à rendre service au consommateur, c'est que lui-même y trouve son compte. Sur Airbnb, certains ont développé une véritable activité professionnelle. A l'image de Laura, propriétaire à Paris d'un trois-pièces près de la Bastille, et qui loue une chambre à l'année 45 euros par jour, un tarif imbattable pour la capitale. « Au départ, je l'ai fait pour la convivialité », dit la jeune femme, qui a longtemps vécu en colocation, entourée d'un tas de nationalités différentes. « Mais à peine avais-je mis en ligne l'annonce que j'ai tout de suite été assaillie de messages. Je me suis vite rendu compte que cela générait de vrais revenus. C'est de cette manière que j'ai pu financer ma reconversion professionnelle. »

Grâce à Airbnb, la jeune quadra touche environ 1 000 euros par mois, doublant ainsi ses rentrées d'argent lorsqu'elle était au chômage. Même motivation financière pour Virginie, qui possède un 90 mètres carrés près des Gobelins qu'elle propose à la location pendant les vacances scolaires lorsque ses enfants sont absents. « Je loue l'appartement 250 euros par nuit et 1 600 euros la semaine à des familles ayant trois ou quatre enfants. Ça leur revient moins cher que l'hôtel, et moi ça me fait un revenu supplémentaire de 1 000 euros par mois », explique-t-elle.

Mais l'argent n'explique pas tout. Le numérique ouvre au particulier les portes d'un univers jusque-là fermé. En France, jamais il n'y a eu autant d'artistes, même si tous ne décrochent pas le jackpot. Dans la musique, on en comptait quarante-trois mille en 2009, contre onze mille en 1990, selon le ministère de la Culture. Le chanteur français Grégoire, le Coréen Psy avec son clip *Gangnam Style*, ou Justin Bieber ont été repérés sur le Net. Avec ce retour de bâton pour les anciens : ces nouveaux artistes rêvent d'en découdre avec les intermédiaires qui autrefois leur barraient la route. Phénomène de l'année 2013, les quatre trentenaires de Fauve préfèrent se produire sans maison de disque.

Les Salut c'est cool, petit groupe de musique électronique français, ne serait jamais apparu au grand jour sans internet. A l'origine, Louis, Martin, Vadim et James, quatre amis inséparables de vingt-cinq ans, étudiants aux Arts déco et aux Beaux-Arts, cherchent un projet à réaliser ensemble. Ils choisissent la musique. Au hasard, car ils n'y connaissent rien. Aucun ne sait jouer d'un instrument, ni n'a approché une partition. Qu'importe, ils trouvent tout sur la Toile : des logiciels pour composer des chansons, faire du montage photo, vidéo, et des tutoriels sur YouTube pour apprendre les bases. Leur style : de la musique électronique, des textes volontairement absurdes, avec en toile de fond des scènes du quotidien, et un look improbable qui fleure bon les années quatre-vingt.

Sur YouTube, leur clip *Comprendre* attire cent cinquante mille visites, dont celle de Joran, un organisateur de tournées qui les convaincra de monter sur scène. Le quartet assure lui-même son marketing et anime une véritable petite communauté sur internet : sketchs, jeux sur le site, réponses aux fans... La relation avec les internautes est directe, et dépasse largement le cadre de la musique. Les Salut c'est cool se sont créé un véritable univers, dont le point d'orgue est la scène. « On invite le public à participer au concert. La frontière devient floue. C'est comme une soirée entre amis, on arrive avec des cadeaux », dit Louis.

La mayonnaise prend naturellement. Les Salut c'est cool font salle comble à la Maroquinerie, salle branchée du XIe arrondissement, et se sont produits partout en France, en Belgique et au Canada à l'été 2014. Sans maison de disque et sans attaché de presse. Pour le moment, les recettes sont maigres : chacun touche 580 euros par mois grâce aux concerts, et les revenus peuvent atteindre 900 euros s'ils optent pour le statut d'intermittent du spectacle. Leur manager les pousse à se professionnaliser. Mais, réticents à l'idée de faire payer leur musique ou d'augmenter le ticket d'entrée de leurs concerts, ils ont tout de même fini par signer avec le label Barclay (Universal) pour réaliser un album. Une concession au monde ancien, encore bien solide.

De plus en plus d'artistes et d'entrepreneurs émergent, qui s'appuient donc sur le Web pour essayer de prospérer. La plate-forme My little market rassemble par exemple plus de cent mille petits artisans qui cherchent à écouler leurs créations. Qu'ils soient producteurs de bijoux, de sacs, de jeux pour enfants ou d'accessoires de mode, le site offre une fenêtre commerciale aux amateurs qui n'osent pas se lancer ou aux professionnels qui veulent élargir leur clientèle. « Nous pensons avoir créé l'équivalent de deux mille emplois à temps plein », assure Nicolas d'Audiffret, qui a monté l'entreprise avec quelques copains et vient de la revendre à son équivalent américain Etsy.

L'ère de la recommandation

Partager une expérience, rencontrer des gens, s'abstraire des frontières étriquées du marketing de masse, voilà l'autre moteur qui pousse les particuliers sur les nouvelles plates-formes de services. Voici trois ans que Catherine, la mère de Christophe, ainsi que son mari acheminent dans leur C4 Picasso des voyageurs entre Nancy, Montpellier et la Charente-

Maritime. « Evidemment, il y a une motivation économique puisqu'on rembourse le péage, et parfois un peu d'essence, mais pas seulement. C'est d'abord un geste écolo. Et puis, on fait des rencontres sympas, souvent avec des jeunes heureux de voyager dans des grosses voitures de "vieux". Les échanges sont particuliers dans les voitures, puisque ce sont des rencontres qui ne portent pas à conséquence. Les gens disent souvent des choses personnelles », explique cette ancienne maîtresse d'école devenue accro de Blablacar.

Son fils, Christophe, passager régulier du site, corrobore : « J'ai voyagé avec le cadre d'une grande enseigne, qui n'était pas dans le besoin, mais qui voulait avoir de la compagnie. » Même sur Airbnb, l'expérience va au-delà de l'aspect financier. « Il y a un côté auto-entrepreneur assez marrant. J'aime surveiller les commentaires postés par les voyageurs. Quand ils sont positifs, cela me fait plaisir », déclare Laura, l'Italienne de la Bastille.

En face, si les internautes ont confiance et n'hésitent pas à s'offrir les services de particuliers, c'est grâce aux témoignages laissés par leurs congénères. Fini les guides et les experts qui délivrent les étoiles du haut de leur science. Place à la recommandation. C'est ce qui permet à TripAdvisor de concurrencer Lonely Planet et ses guides touristiques, juste en demandant aux voyageurs de noter les sites qu'ils visitent. Une autre philosophie : la confiance n'est plus concédée à un autre « qui sait », mais à la masse de ses semblables qui ont expérimenté le service.

A l'heure de la génération Facebook, les avis et les commentaires sont bien plus efficaces que n'importe quelle campagne marketing. Mais gare aux promesses non tenues. La moindre mauvaise note se paye au prix fort, et détourne immédiatement les clients potentiels. Conscient de l'enjeu, Uber met une pression énorme à ses chauffeurs, immédiatement notés par les clients après chaque trajet. La compagnie offre des primes à ceux qui obtiennent les meilleures notes en un minimum de temps.

Globalement, le système fonctionne efficacement et les mauvaises expériences restent rares, même si des faits divers émaillent régulièrement la presse, donnant du grain à moudre à tous les détracteurs. Il est vrai que certains appartements loués sur Airbnb ont été le théâtre d'orgies. Aux Etats-Unis, une Américaine a eu la désagréable expérience de voir son locataire ne plus vouloir quitter son appartement de Palm Springs. A chaque fois, le site a dédommagé les propriétaires lésés. A San Francisco, un chauffeur travaillant pour Uber a percuté et tué une petite fille de six ans lors du réveillon 2013. A Paris, en avril 2013, un autre a tenu des propos homophobes auprès de clients. La firme l'a immédiatement exclu de son réseau. Ces mésaventures, qui arrivent partout, restent somme toute limitées. En revanche, quel que soit le site, l'encadrement des recommandations est nécessaire.

A l'été 2014, les inspecteurs de la Direction générale de la concurrence, de la consommation et de la répression des fraudes (DGCCRF) ont trouvé que 45 % des recommandations examinées présentaient une « anomalie ». Des avis positifs achetés, d'autres, négatifs, retirés moyennant arrangement... Un prestataire se propose ainsi de contacter les internautes mécontents pour transiger avec eux. S'il trouve un accord, il retire l'avis négatif du site. Un autre, se présentant comme un « guide des bonnes adresses », faisait rédiger des avis positifs par sa famille ainsi que par une société située à Madagascar. « Une pratique semble très répandue : la suppression de tout ou partie des avis de consommateurs négatifs au profit des avis positifs, indique le rapport des enquêteurs. Dans quelques cas, la modération est systématiquement biaisée, c'est-à-dire que seuls les avis clairement positifs sont conservés. Un acteur majeur du commerce en ligne de pièces détachées pour automobile a été verbalisé en ce sens. »

Ce n'est pas parce que l'on fait tous semblant d'être des copains qui se donnent de bons tuyaux que certains n'en profitent pas pour escroquer le chaland. C'est vieux comme le commerce et cela ne disqualifie pas la pratique de la recommandation, phénomène de société majeur. Mais cela constitue un sérieux appel à la vigilance.

La revanche du consommateur

Pourquoi ces sites gagnent-ils le cœur des consommateurs, alors que la plupart ne sont même pas pionniers dans leur domaine ? Blablacar n'a pas inventé le covoiturage et Uber n'est pas la première application de transport en ligne. Les taxis ne se lassent d'ailleurs pas de rappeler la chronologie de l'histoire. Depuis longtemps présent sur le Web, G7 dispose de son application mobile. Même chose chez les Taxis Bleus. « On a une appli depuis 2009. Tout le monde est à égalité au niveau technologique », veut croire son P-DG Yann Ricordel. Pour les taxis, l'engouement des clients n'est qu'un effet de mode, à mettre sur le compte des énormes dépenses marketing consenties par des géants aux poches pleines. « Uber n'a pas inventé l'eau chaude. Ils jouent sur la localisation, mais la mise en connexion du client et du chauffeur, ça existe depuis 2007. Deux tiers de la flotte parisienne est connectée », s'emporte Yassine Kerkour, artisan taxi.

Mais les plates-formes ont décollé avant de dépenser le moindre centime dans des campagnes télé, se contentant d'un efficace bouche à oreille. A l'origine de leur succès : une prouesse technologique invisible, qui rend la plate-forme terriblement efficace et conviviale. Et comme souvent dans ce domaine, les Américains, as du logiciel et du marketing, sont les meilleurs à ce petit jeu.

Ce phénomène de concentration sur un tout petit nombre d'acteurs porte un nom : « winner takes all », ou en français, « le gagnant prend tout ». Dans la technologie, la règle est immuable. Un site (service ou produit) élimine peu à peu tous les autres. Et plus les utilisateurs affluent, plus le service s'améliore en analysant le comportement des usagers, et donc creuse l'écart sur ses concurrents. Exactement comme Google améliore sa capacité de recherche par l'accumulation des requêtes. Un cercle vertueux s'installe au profit du leader.

Face aux rouleaux compresseurs Uber ou Airbnb, G7 et Accor ont raison d'avoir peur. D'autant que les plates-formes de mise en relation pénètrent peu à peu l'ensemble des biens et des services. Car l'internaute aime partager et perd peu à peu son instinct de propriétaire. Retour de bâton d'une société de consommation poussée à outrance, il préfère emprunter ou louer. Dans la musique, il s'abonne sur Spotify à un accès illimité, mais ne possède plus de disque. Sur Zilok, il loue toutes sortes de biens (matériel de jardinage, de bricolage, de couture...). Il fuit aussi les circuits traditionnels en louant les compétences de ses pairs en matière de bricolage, de maçonnerie, de coiffure ou de comptabilité. Vive YoupiJob, petitsjobs.fr, iFastAsk ou Frizbiz. Il se détourne de la grande distribution en allant directement chez les producteurs, grâce à la Ruche qui dit oui. Et contourne les restaurants en dînant chez l'habitant, via Cookening.fr ou VoulezVousDîner.

Après avoir passé plusieurs décennies sous le joug du marketing de masse, obéissant au diktat des marques sans avoir son mot à dire, le consommateur reprend enfin le pouvoir, et change les règles du jeu. Il a trouvé dans le numérique et l'économie du partage des alternatives face aux industriels, obligés de s'aligner ou de disparaître. Un rééquilibrage des forces qui ne manque pas de déstabiliser des mastodontes aussi gros que la SNCF, G7, Hertz ou les hôtels Accor.

Mais au fond de lui, le consommateur du XXIe siècle n'est pas dupe. Il sait que derrière les bons sentiments affichés par Google, Apple, Facebook ou Amazon (les fameux Gafa), des fortunes colossales sont en train de se constituer tandis que le pouvoir change de mains. Sous la pression d'une révolution technologique et de son adoption massive par la population, un nouveau capitalisme s'installe. Les sympathiques pirates des années quatre-vingt-dix sont les conquérants d'un nouveau monde qui s'impose progressivement sous nos yeux. Il n'est pas dupe car il sait que ce qu'il gagne d'un côté, il risque de le perdre sitôt poussée la porte de l'entreprise dans laquelle il travaille. Car si le capitalisme 3.0 supprime des métiers et fait le bonheur de ses utilisateurs, il modifie aussi de fond en comble la relation au travail. Encore une invention du XIXe siècle qui vacille sur ses bases…

3

La fin du salariat ?

L'entreprise, ses congés payés, ses tickets restaurants… à trente-huit ans, Benjamin L. n'a jamais connu le confort douillet du CDI et des conversations du matin devant la machine à café. Ingénieur formé à l'ESTP, une école spécialisée dans le BTP, il travaille en indépendant dans la conception de sites Web. « Faire du PowerPoint ou des réunions, moi, ça me rendrait fou », dit le Parisien. Cette situation, Benjamin ne l'a pourtant pas choisie. Il la doit à la crise de 2000-2001. Après un master multimédia aux Beaux-Arts, le jeune diplômé souhaite travailler dans le Web. Las, la bulle vient d'éclater et l'heure est plutôt aux réductions d'effectifs. Benjamin trouve alors un job de webmaster à temps partiel, qu'il peut exercer de chez lui. Un mi-temps idéal pour le jeune ingénieur, qui consacre son temps libre à la musique. Il signe même pour une maison de disque.

Mais l'aventure musicale s'arrête brusquement. Benjamin doit travailler à temps complet. Après des années de liberté, pas question de pointer matin et soir au service d'un petit chef. « J'ai décidé de me mettre en free-lance. Dans le monde du Web, il y a du boulot. Toutes les professions ont besoin de nos services », témoigne l'ingénieur. Si Benjamin a pu si facilement être son propre patron, c'est d'abord grâce à Google. « C'est le moteur de recherche qui m'amenait mes clients. J'ai fait un site bien référencé et chaque semaine, je recevais trois ou quatre propositions sans rien faire, explique le développeur. En plus, chaque mois, le moteur de recherche me verse un chèque rémunérant les publicités qui apparaissent sur mon site. » Régulièrement, le jeune entrepreneur, dont les fins de mois sont parfois délicates, se pose la question de revenir à un poste classique dans l'entreprise. Sans jamais avoir pu s'y résoudre.

Le numérique, qui fluidifie les relations, facilite les transactions et amène de la transparence, fait tomber les barrières de l'entreprise en permettant à chacun de se mettre facilement à son compte. Le smartphone et la généralisation du wifi, qui assure une connexion permanente de l'individu, casse l'unité de lieu et de temps qui obligeait les salariés à se retrouver au même endroit et au même moment pour réaliser une tâche donnée. Qui aujourd'hui ne vérifie pas ses mails trente fois par jour, y compris le week-end, tout en prenant le temps d'amener son petit dernier à l'école et de faire les courses ?

Le CDI se fissure

Le bon côté de ce changement – pour l'employeur ! –, c'est que l'entreprise fait de plus en plus appel au travail indépendant et noue des contrats au coup par coup plus facilement qu'autrefois. Plus besoin de tout garder à l'intérieur de l'entreprise. Pour comprendre pourquoi, faisons un petit détour par la théorie économique. En 1937, un jeune économiste britannique de vingt-sept ans, Ronald Coase, professeur à la London School of Economics, se pose une question toute bête : pourquoi les grandes entreprises existent-elles ? Dans son ouvrage *The Nature of the Firm*, il développe une théorie très originale : elles se sont créées car elles sont plus efficaces qu'un rassemblement d'unités indépendantes, une qui conçoit, d'autres qui produisent, vendent, entretiennent un même produit, toutes liées entre elles par des contrats innombrables. Pourquoi ? Parce que cela coûte du temps et de l'argent de comparer les fournisseurs, d'établir un contrat et de vérifier son application.

C'est ce que l'on appelle les coûts de transaction. Il est dès lors plus rentable de tout faire dans une même structure où les gens coopèrent sans se soucier de passer des contrats entre eux. Il obtiendra le prix Nobel en 1992 pour ses travaux. L'avènement du capitalisme financier dans les années quatre-vingt – quatre-vingt-dix commencera à détruire cette théorie en démantelant les conglomérats. Le numérique va plus loin en cassant cette logique et en favorisant l'avènement de structures plus légères. Il permet de tout comparer tout de suite, de mettre en relation instantanément… Et ouvre un boulevard au travail indépendant.

En Europe, les formes d'emploi hors salariat ont crû de 10 %. Au Royaume-Uni, les indépendants ont représenté en 2013 la moitié des emplois créés, pesant désormais 15 % du marché du travail. En France, après une chute continue pendant trente ans, la part des emplois non salariés remonte depuis les années 2000, en particulier dans le tertiaire. Emploi temporaire, sous-traitance, multi-activité, activité autonome, le CDI à vie issu des Trente Glorieuses se fissure sous les effets conjugués de la croissance faible qui perdure depuis les années soixante-dix, et des technologies de l'information, note un rapport du Conseil pour l'orientation sur l'emploi publié en 2014. En France, le succès du statut d'auto-entrepreneur, lancé en 2009, et qui a vu plus d'un million de personnes créer leur micro-entreprise, est la meilleure illustration de ce phénomène. Non seulement certains chômeurs passent par cette case pour renouer avec le marché de l'emploi, mais souvent, les actifs profitent de ce statut, dont les revenus annuels sont plafonnés à 32 000 euros, pour se lancer dans une activité parallèle.

Au départ, travailler en solo ou monter sa micro-entreprise n'est pas forcément un choix. Comme Benjamin, c'est face à un marché du travail qui ne veut plus d'eux que les individus optent pour l'indépendance. La plate-forme de taxis Uber emploie beaucoup d'anciens chômeurs qui deviennent auto-entrepreneurs. Les nouveaux organes de presse font uniquement appel à des pigistes. eBay, Price-Minister ou Amazon, qui permettent à n'importe qui de monter facilement sa petite activité d'e-commerce, sont également des repaires d'actifs en difficulté.

20 % de salaire en moins

Financièrement, la situation n'est pas forcément rose. Au Royaume-Uni, un indépendant gagne 20 % de moins qu'un salarié pour un emploi similaire. Souvent, il s'agit d'un emploi salarié déguisé, les entreprises évitant ainsi de passer par la case charges sociales. Les coursiers de DHL et les employés relevant les compteurs des compagnies d'électricité exercent sous le statut d'auto-entrepreneur.

Les entreprises sont d'autant plus friandes d'indépendants qu'elles cherchent plus que jamais à baisser et à flexibiliser leur masse salariale. Partout, les salaires sont sous pression. Au Royaume-Uni, malgré dix-huit mois de reprise économique et un taux d'emploi record, les salaires ont reculé de 12 % entre 2007 et 2014. Et pour réduire la facture, l'imagination des employeurs n'a pas de limite. C'est ainsi qu'ont été inventés les contrats « zéro heure », où le salarié se tient à la disposition de l'employeur, travaillant selon les besoins. Ces contrats représentaient entre 2 et 3 % des emplois en 2013. En France, après de longues années de quasi-stagnation, les salaires ont baissé en 2012, une première depuis 1996 ! La part des salaires dans le PIB n'a cessé de décroître ces vingt dernières années.

Mais l'indépendance, l'auto-entreprenariat et toutes les nouvelles formes d'emploi correspondent aussi aux aspirations d'une société devenant plus individualiste, souligne le Conseil d'orientation pour l'emploi. Dans un pays où le chômage de masse s'est installé depuis plus de trente ans, les individus ont compris que le contrat social proposé par l'entreprise, où l'on troquait subordination et obéissance, contre la promesse de l'emploi à vie, d'une bonne retraite et de la sécurité sociale, ne tenait plus.

Beaucoup de jeunes actifs – en particulier la fameuse génération Y, si déstabilisatrice pour les employeurs – prennent le goût de la liberté. Quitte à en payer le prix. Benjamin, malgré son diplôme d'ingénieur, gagne moins que s'il était salarié. Pis, il doit parfois gérer des fins de mois difficiles et a fait une croix sur les congés payés, mais « c'est le prix de la liberté ». Au Royaume-Uni, une étude conduite par la Royal Society of Arts, un think tank britannique, démontre que, même si, au départ, les indépendants ne choisissent pas leur situation, 84 % d'entre eux s'en disent ensuite plus satisfaits que dans une entreprise classique.

Cette nouvelle donne favorise l'émergence de sites où se rencontrent entreprises et indépendants. Creads, twago, Digikaa Missions, Codeur.com, Freelancer… Partout, les plates-formes pullulent dans les métiers traditionnels du Web comme l'infographie, le développement informatique ou le Web marketing, mais aussi dans des fonctions plus traditionnelles comme le secrétariat, la comptabilité ou le droit. L'américain Upwork, qui couvre toute la palette des métiers de bureaux, revendique 9,3 millions de free-lances et 3,6 millions d'entreprises inscrites dans cent quatre-vingts pays.

Destinée aux services marketing des entreprises, Tongal va plus loin et casse les processus de la création traditionnelle, jugés longs, coûteux et laborieux à l'heure du Web. La plate-forme organise pour le compte de marques désireuses de lancer une campagne marketing des concours de créatifs où, à chaque étape, depuis l'idée jusqu'au tournage de la vidéo, le gagnant est rémunéré. Ainsi, Colgate-Palmolive a payé seulement 17 000 dollars pour un spot publicitaire sur son déodorant pour hommes Speed Stick. La marque en était tellement satisfaite qu'elle a dépensé 4 millions de dollars pour le diffuser pendant le Superbowl, le programme télévisé le plus regardé aux Etats-Unis. Si les agences critiquent ce modèle qui leur fait du tort, les créatifs plébiscitent un système où chacun a sa chance de monter au sommet.

La loi de la jungle ?

Mais l'indépendance ressemble aussi à une jungle où règne la loi du plus fort. Si Hopwork se vante de « libérer le travail », la plate-forme permet surtout aux entreprises d'attribuer des notes aux indépendants dont elles sont le plus satisfaites, créant ainsi un cercle vertueux (ou vicieux) qui privilégie le plus demandé et rejette le moins performant. Dans ce monde du travail du futur, plus émietté, plus morcelé, deux catégories de travailleurs émergent. D'un côté, les grands gagnants du système, à la fois doués, disposant de compétences rares et valorisées, à l'aise dans ce monde d'ultracompétition. Défaits de l'emprise hiérarchique de l'entreprise, ils gagneront en liberté, se retrouveront sur le même pied d'égalité que le donneur d'ordre.

Les autres accompliront des tâches à plus faible valeur ajoutée, peu payées, qu'il faudra multiplier pour gagner de quoi vivre. A l'extrémité de la chaîne, trône Amazon Mechanical Turk. Avec son nom inspiré du fameux canular de la fin du XVIIIe siècle où un automate jouait aux échecs grâce à un humain caché sous la table, l'invention d'Amazon illustre à merveille cette nouvelle forme d'exploitation. Sur cette plate-forme, les donneurs d'ordre accèdent à « une main-d'œuvre variée », permettant, dixit Amazon, de réaliser de petites tâches, un peu laborieuses, qu'un ordinateur ne parvient pas à accomplir (écriture de commentaires, description de produits, identification d'articles en double dans un catalogue de produits, etc.). Ces « travailleurs » d'un jour, d'un mois, d'une heure – selon la terminologie du site – sont rémunérés une misère, flexibilisés à outrance. L'employeur peut même refuser de les payer s'il n'est pas satisfait du résultat. Et comme la satisfaction relève la plupart du temps d'une appréciation subjective...

Qu'on le craigne ou qu'on l'attende, ce nouveau monde du travail, modifiant profondément les rapports de force et le rôle de chacun dans la société, semble désormais inéluctable. Mais pour que les individus puissent vivre sereinement, les règles de la vie en commun vont devoir changer. Comme au XIXe siècle qui voit naître, après la révolution industrielle, les prémices d'un droit du travail destiné à protéger un ouvrier salarié, obligé de vendre « sa force de travail » à un maître tout-puissant. A l'époque, entre l'esclavage, le servage, puis les premiers temps du salariat, « la rupture n'est pas nette », rappelle Jean-Emmanuel Ray, professeur de droit à la Sorbonne.

Plus d'un siècle plus tard, les règles de droit restent écrites pour répondre aux besoins d'un salarié travaillant au sein d'une entreprise bien définie. A l'heure où celle-ci s'efface au profit d'un collectif, « où le lien de subordination n'est plus ce qu'il était, où l'opposition vie professionnelle/vie personnelle se dissout dans les smartphones », comme le dit Jean-Emmanuel Ray, ces règles doivent être repensées.

Mais pas seulement le droit du travail. Lc salariat est aussi le socle sur lequel s'est bâtie la société, qui permet d'ouvrir un compte en banque, d'obtenir un crédit immobilier, d'acheter un appartement. Sans salaire, construire l'avenir est un parcours hasardeux, semé d'embûches. « Il est indispensable de réinventer une politique qui aille avec cette révolution numérique », estime Elisabeth Grosdhomme Lulin, fondatrice de Paradigmes et cætera, une société de conseil en prospective et innovation. Cette ancienne inspectrice des Finances, bardée des plus beaux diplômes de la République, en sait quelque chose. En 1998, elle a pris son indépendance, créé sa société, pour ne plus jamais redevenir salariée, ni du public ni du privé. En 1835, Lacordaire, avocat devenu dominicain, défendait la nécessité du droit : « Entre le fort et le faible, entre le maître et le serviteur, c'est la liberté qui opprime, et la loi qui affranchit », rappelait-il. Un message qui prend tout son sens à l'heure du travail distribué par l'hydre Gafa !

Mais les gens n'attendront pas sagement cette redéfinition du travail pour changer leurs habitudes. De moins en moins pris en charge par un Etat et des entreprises « providence », ils inventent de nouvelles façons d'être, d'agir et de consommer. Au risque de tomber sous la coupe de ces nouveaux capitalistes venus d'ailleurs, prompts à remplacer une subordination par une autre. Car pour les Google, Apple, Facebook, Amazon et tous les autres, la conquête a commencé.

4

Gafa contre le reste du monde

Les grandes aventures industrielles, comme les grandes conquêtes de l'histoire, commencent en général par des actes de piraterie. Les pirates de l'ère numérique sont des loups solitaires en quête de proies faciles. On les appelle les hackers, mot anglais qui désigne aussi bien le mauvais garçon que le bidouilleur astucieux. Comme les vrais artistes, ces défricheurs, tous des as du logiciel, sont des rebelles, hostiles par principe à toute forme d'ordre, assimilé au système ancien qu'ils cherchent justement à casser.

Le pirate est au cœur de la destruction créatrice chère à l'économiste américain Joseph Schumpeter. Il est l'agent du changement. Celui qui prépare l'invasion des barbares. Ce grand moment de désordre, Nicolas Colin et Henri Verdier l'appellent, dans leur livre *L'Age de la multitude*, « l'irruption numérique ». « Ils partent sabre au clair dans un bouillonnement désordonné, raconte Nicolas Colin. Le taux de chute est énorme, comme lors d'un débarquement. Ceux qui s'en sortent sont ceux qui ont su toucher le grand public, bien plus accueillant à l'innovation[1]. »

C'est ce même grand public qui vote aujourd'hui pour Travis Kalanick. Uber, son service de réservation de taxis privés sème la panique dans toutes les grandes villes mondiales. Ou encore Elon Musk, un enfant rebelle, enfui de son Afrique du Sud natale contre l'avis de son père alors qu'il n'avait que seize ans et qui a contribué à créer PayPal, le service de paiement par internet, puis le fabricant de voitures Tesla, puis Solar City, le premier opérateur de panneaux solaires aux Etats-Unis, et enfin SpaceX, société de fabrication et de lancement de fusées spatiales. En mars 2006, il s'exprime pour la première fois devant toute l'industrie spatiale réunie à Washington. « Bonjour, je m'appelle Elon Musk, je viens de créer SpaceX et dans cinq ans vous êtes tous morts », leur avait-il lancé avec la grande finesse et la modestie qui le caractérisent.

Il est aujourd'hui une icône de la Silicon Valley, semblant changer en or tout ce qu'il touche. Un peu comme son équivalent français Xavier Niel, le patron de Free, devenu l'emblème du pirate à la française. Il a même fondé sa propre école de hackers destinée à produire en série des petits génies du logiciel. Son dernier fait de gloire aura été de pulvériser le modèle économique des opérateurs de télécommunication, avec des forfaits téléphoniques à deux euros

1. Nicolas Colin et Henri Verdier, *L'Age de la multitude*, Colin, 2012.

par mois quand ses concurrents ne parvenaient pas à descendre en dessous de dix.

Comme des commandos en position avancée, les pirates déminent le terrain, démoralisent l'adversaire et préparent l'assaut des troupes. Puis ils laissent la place à d'autres, à moins qu'ils ne soient suffisamment malins pour récolter eux-mêmes les fruits de leurs larcins, comme Elon Musk, Travis Kalanick ou Xavier Niel. Car ces pirates du Net ont au moins cet avantage sur leurs lointains cousins des Caraïbes : les internautes les adorent. Ils sont si cool, si fun et nous apportent le monde sur un plateau sans, apparemment, débourser un centime. Et c'est précisément pour cela qu'ils sont les pionniers du nouveau monde qui s'annonce.

Ils maîtrisent la technologie essentielle, celle du logiciel, ils sont chez eux dans le monde infini des réseaux et ont désormais accès à une source inépuisable de financement. Enfin, on l'oublie trop souvent, ces nouveaux pirates n'ont pas de passé. Pas de troupes à défendre, de frontières à préserver, de cagnotte à sauver. Ils peuvent changer les règles à leur guise et ne s'en privent pas.

Quand l'argent fait le bonheur

Moins de cinq ans après sa création, Uber a encore besoin d'argent. Et pas qu'un peu ! Cette fois, il en veut un gros paquet. Suffisamment pour asseoir sa domination dans le monde entier (il est déjà dans cent trente villes), créer de véritables flottes de voitures, et pourquoi pas se lancer dans de nouveaux métiers proches du sien, comme le transport de colis en tous genres. Il n'a pas eu besoin de tendre longtemps la sébile. En juin 2014, il a récolté 1,2 milliard de dollars. De quoi voir grand. Mais pas assez pour le boulimique Travis qui a engrangé 1,2 milliard supplémentaire quatre mois après et 2,8 milliards de plus, début 2015. Cinq milliards d'apport en moins d'un an qui portent sa valorisation à quelque 40 milliards de dollars. Bien plus, évidemment, que la totalité de ses concurrents taxis, comme le leader français G7 et ses équivalents américains, mais aussi davantage que des géants de la location comme Avis ou Hertz ou des ténors français de la Bourse comme Casino, Publicis ou Bolloré, qui tous emploient dix à cent fois plus d'employés qu'Uber avec ses mille salariés. Les fonds d'investissement se sont manifestement bousculés. Ils étaient une quinzaine et « certains voulaient en être quel que soit le prix », assure un investisseur cité par le *Wall Street Journal*. De quoi mettre à genou pas mal de ses concurrents.

Uber n'est pas la seule start-up à s'envoler vers les cimes des grandes capitalisations. Tesla, la société de voitures électriques d'Elon Musk, déjà en Bourse, vaut aujourd'hui près de 35 milliards de dollars, plus que Renault et PSA réunis, alors qu'elle vend cent fois moins de voitures qu'eux et emploie dix fois moins de personnel ! Depuis deux ans, c'est la fête aux milliards sur le front de la high-tech californienne. Facebook a totalement raté son entrée en Bourse en mai 2012, à l'époque la plus importante de toute l'histoire de l'internet. Mais, à la fin de l'été 2014, le réseau social a plus que doublé sa valeur et s'approche des 200 milliards de capitalisation boursière. Plus qu'IBM ! Désormais, huit sociétés du secteur dépassent la barre des 150 milliards de dollars de valorisation, dont, bien sûr, les empereurs du Gafa : Google, Apple, Facebook et Amazon.

Déjà les Cassandre hurlent à la bulle. Ils n'ont pas tort : il y aura beaucoup de déconvenues chez les financiers. Mais quoi qu'il en soit, ce torrent de dollars qui les inonde a une conséquence directe sur leur stratégie. Il finance à peu de frais leurs ambitions démesurées et les protège du risque d'un nouveau concurrent. Quand la messagerie instantanée WhatsApp a commencé à faire de l'ombre à Facebook, pas de problème : Mark Zuckerberg a sorti son gros carnet de chèques et écrit 19 milliards de dollars dessus. Payé, évidemment, à 80 % en actions Facebook. Pas mal pour une start-up de cinquante-cinq personnes et un chiffre d'affaires estimé à 400 millions de dollars en 2014. La raison ? WhatsApp revendiquait à l'époque un demi-milliard d'utilisateurs – en croissance de 25 millions par mois ! Le tsunami numérique est désormais alimenté par la finance mondiale qui, de Pékin à San Francisco en passant par Moscou, n'a d'yeux que pour les nouvelles stars de l'internet.

Une vague qui atteint aussi la France. Blablacar a réussi, en juin 2014, à récolter la somme de 100 millions de dollars. Du jamais vu dans notre pays. Soit les investisseurs sont à nouveau hypnotisés par les sorciers de la Silicon Valley, soit ils ont conscience, eux aussi, que nous sommes entrés dans une phase de rupture où les changements d'acteurs vont s'accélérer, suivant en cela l'adoption massive de nouveaux comportements par les utilisateurs. Quand Blablacar parvient, en 2015, à transporter l'équivalent de quatre mille TGV par mois, on est au-delà de l'anecdote gentille, comme celles qui prévalaient à l'époque de la bulle internet des années quatre-vingt-dix – deux mille, où l'accès au réseau était balbutiant et le nombre d'utilisateurs dix à vingt fois plus faible qu'aujourd'hui.

C'est aussi l'argent facile qui a permis à Free, le champion français de l'accès internet et dynamiteur des télécoms mobiles, de partir à l'assaut de l'américain T-Mobile, une fois et demie plus gros que lui. On ne prête qu'aux ambitieux qui savent générer de la croissance dans un monde qui en manque tellement en ce moment. Et tant pis si Free a finalement raté sa cible américaine, il y a tellement d'autres proies à conquérir.

Full Stack

C'est le nouveau mot d'ordre des champions de la tech : Full Stack ! L'invasion d'un secteur à partir du logiciel pour remonter jusqu'à l'offre d'un service complet, voire d'un produit entier et de tous ses composants. Il y a dix ans, Uber se serait contenté de vendre sa plate-forme de mise en relation et de calcul de prix à des sociétés de taxis ou de VTC. Aujourd'hui, il veut les concurrencer. Les nouveaux conquérants ont un appétit d'ogre, mais également ses manières.

Tesla, dont les voitures sont appelées « ordinateurs à roulettes », aurait pu se contenter de fournir aux constructeurs auto son informatique de gestion de l'énergie pour les voitures électriques. Ou au moins utiliser une plate-forme existante comme il l'a fait au début avec les châssis du constructeur britannique de coupés sportifs Lotus. Or, on seulement il veut construire intégralement sa propre voiture, mais au fur et à mesure qu'il récupère de l'argent, il se lance dans des activités nouvelles. Il a entamé la construction, au Nevada, de la plus grande usine de batteries au monde. Encore mieux, Elon Musk a créé une entreprise de panneaux solaires, devenue leader aux Etats-Unis, et veut connecter les deux. Les batteries des voitures, stockant l'énergie solaire des maisons...

Pourquoi ces entreprises se lancent-elles maintenant dans des métiers qui ne sont pas les leurs, comme fabriquer des voitures, gérer un système de transport ou, à l'instar de Google, vendre des thermostats pour gérer le chauffage de sa maison ? Pour contrôler le produit, pour aller plus vite face à des acteurs traditionnels jugés trop lents et aussi pour contrôler la marge.

Dans un monde où de plus en plus de choses sont offertes gratuitement sur internet, il vaut mieux maîtriser le plus d'éléments possible de la chaîne de la valeur pour être sûr de se trouver à l'endroit où se feront les bénéfices. C'est pour cela que Netflix, le roi de la vidéo à la demande sur internet, s'est tout d'un coup mis à devenir producteur de séries télé comme la fameuse *House of Cards*. Et puis les entreprises du vieux monde semblent empêtrées dans leurs contradictions entre la volonté d'innover et celle de protéger leurs métiers et leurs rentes. La jeunesse évite de se poser ce genre de questions dérangeantes. Elle a mieux à faire : dominer, et tant pis pour les suiveurs…

De la période dorée à l'âge d'or

Jamais auparavant des sociétés de high-tech ne s'étaient mises à sortir ainsi de leur spécialité. Les investisseurs auraient d'ailleurs détesté immédiatement, eux qui ne jurent que par le concept du « pure player » : surtout ne pas diversifier ses métiers ! L'essor de la finance dans les années quatre-vingt – quatre-vingt-dix s'est fait sur le dos des conglomérats, dont le démantèlement a fait la fortune de Wall Street ou de la Bourse de Paris, à défaut de celle des employés.

Les stars du Net osent tout. Pourquoi ? Toujours cette accélération de l'histoire, que la spécialiste britannique de l'innovation, l'économiste Carlota Perez, traduit par « phase de déploiement ». Pour cette professeure à la London School of Economics, les révolutions technologiques se déroulent en deux phases, séparées par une récession. La première est celle de l'installation, avec ses euphories et ses déceptions, ses booms et ses bulles financières. C'est ce qu'elle appelle la période dorée. La première du XXe siècle, qui a succédé aux révolutions de la vapeur, des chemins de fer et de l'acier, est celle de la production de masse, du pétrole, de l'automobile, de l'électricité et de la chimie. Elle a commencé industriellement vers 1908 et s'est épanouie dans la furie des « roaring twenties » (1920-1930), ces années folles où l'intelligentsia ne jurait que par l'automobile et l'électricité et où Manhattan se couvrait de gratte-ciel.

La crise de 1929 a douché brutalement cet enthousiasme en provoquant une récession qui ne s'est véritablement achevée qu'avec la Seconde Guerre mondiale. Puis est venue, à partir de 1945, la seconde phase, celle du vrai déploiement de masse.

C'est la différence entre la période dorée et l'âge d'or. Celui-ci s'est installé durablement après-guerre. En France, on a appelé cela les Trente Glorieuses. Pour Carlota Perez, la récession de 2007-2008, dont nous peinons à sortir, est l'antichambre de la phase de déploiement de la révolution des technologies de l'information née au tournant des années soixante-dix. Comme au XXe siècle avec l'électricité, il aura fallu quarante à cinquante ans avant que les espoirs ne se concrétisent. Et la progression n'est pas achevée, puisqu'elle s'invite désormais dans l'automobile, l'aéronautique et même la navigation maritime. La quasi-décennie de crise qui s'est installée à partir de 2008 et dont nous ne sortons qu'à petits pas se produit en même temps que le déploiement massif de la puissance informatique par le biais de la généralisation de l'internet mobile. Pour Carlota Perez, nous ne serions qu'au tout début d'un nouvel âge d'or…

Google = General Electric

C'est pourquoi la boulimie d'expansion n'est pas sans rappeler la glorieuse épopée d'Edison puis de General Electric au début du XXe siècle, explorant le moindre recoin de l'énergie électrique, des turbines de barrage aux ampoules, en passant par l'électroménager, les réseaux électriques et les machines-outils. C'est le propre des marchés non stabilisés et en forte croissance. Aujourd'hui, Google, entreprise de médias, est dans ce moment critique. Sa dernière grosse acquisition est un fabricant de thermostats, Nest, créé par l'ancien concepteur des iPod d'Apple. Une façon d'entrer dans la gestion de l'énergie dans les maisons.

Et après ? Pourquoi pas remonter la chaîne de valeur de l'énergie, jusqu'à la production d'électricité ? La société est après tout le premier utilisateur de panneaux solaires aux Etats-Unis. Comme Elon Musk entend le faire en combinant ses voitures électriques Tesla, ses batteries et ses panneaux solaires... Google va même encore plus loin de ses bases en achetant un laboratoire de biotechnologies spécialisé dans le vieillissement et en embauchant des cerveaux de la médecine pour trouver la recette d'une vie (presque) éternelle.

La voiture, le commerce, l'énergie, l'information, la bureautique, l'informatique, la santé, l'assurance... « Bientôt, les deux tiers des patrons du Cac 40 en viendront à se demander si leur premier concurrent demain ne sera pas Google », assure Philippe

Lemoine, l'ancien patron de LaSer Cofinoga, président de la Fondation internet nouvelle génération[1] et auteur d'un rapport sur le sujet pour le gouvernement. Comme Guillaume Pepy, le patron de la SNCF, l'a fait en 2013 en brandissant la menace Google devant des cadres médusés. Google est le General Electric des temps nouveaux. C'est pour cela qu'il fait peur à tout le monde.

Car il maîtrise la ressource la plus précieuse du XXIe siècle, celle sur laquelle se construit le capitalisme 3.0 : le logiciel.

1. Groupe de réflexion sur les transformations numériques, fing.org

DEUXIEME PARTIE

POURQUOI LE LOGICIEL MANGE LE MONDE

5

La numérisation du monde

La libération tant promise est bien là, dans les foyers, perceptible par chacun, tant elle permet d'épargner de l'argent et de gagner du temps. Mais au-delà de quelques victimes comme les taxis et les hôteliers, nécessaires sacrifices offerts aux nouveaux barbares, ce qui fascine le plus dans cette révolution, c'est qu'elle reconstruit le monde autour d'un outil aussi banal et peu glamour que totalement artificiel : le logiciel informatique. Et pourtant, il semble autoriser aujourd'hui toutes les extravagances. Un défi à l'imagination comme les aimait Jules Verne.

Avec ses gros yeux et son allure de pot de yaourt retourné, elle ressemble à une coccinelle de dessin animé japonais. Toute en rondeurs et agrémentée de quatre roues. Pas le genre à faire rêver les amateurs de belles cylindrées. C'est pourtant la voiture du futur : la Google Car. Elle est électrique et n'a ni volant ni pédale de frein ou d'accélérateur. Son pilote s'appelle Chauffeur, mais c'est un logiciel.

Il y a quelques années à peine, la voiture sans conducteur relevait de la science-fiction. En 2004 déjà, les économistes américains Frank Levy et Richard Murnane s'étaient livrés à l'exercice périlleux de prédire quels métiers seront les plus susceptibles d'être menacés par la progression inexorable des ordinateurs. Ils en excluaient rapidement les chauffeurs, compte tenu de la complexité à automatiser une situation de conduite[1] ! Gérer simultanément et en instantané en ville des informations provenant des panneaux, du policier, des feux, des autres voitures et de ce piéton qui traverse hors des clous sans prévenir, relevait de l'impossible. En tout cas, à court terme. Et les constructeurs automobiles confirmaient cette prédiction. Tout comme les chercheurs de l'agence américaine de recherche avancée de la Défense américaine, la Darpa, qui a organisé, en mars 2004, une compétition de voitures sans conducteur dans le désert de Mojave en Californie. Seules quatre voitures sur quinze étaient encore en course trois heures après le départ et le gagnant n'a réussi à couvrir que 10 kilomètres sur les 230 du parcours. On l'a retrouvé échoué dans un buisson, les pneus arrière en feu !

Et pourtant, concocté en secret à partir de 2010, le projet « Chauffeur » de Google a, depuis, accumulé plus d'un million de kilomètres d'expérience de voitures sans pilote (des Toyota Prius et des Lexus RX450 « bricolées »), s'insérant dans la circulation chaotique des grandes autoroutes californiennes. Et

1. Cité dans Erik Brynjolfsson et Andrew McAfee, *The Second Machine Age, Work, Progress and Prosperity in a Time of Brilliant Technologies,* Norton, 2014.

même, empruntant les rues pentues et tortueuses du centre de San Francisco avec une fiabilité et une sécurité probablement supérieures à celles d'un être humain : deux accidents seulement en quatre ans, dus à des interventions humaines.

Cet exploit illustre le basculement qui s'opère. Car cette voiture est une métaphore de la révolution industrielle en marche.

Le monde en chiffres

Comment décrire le monde qui nous entoure ? Par des mots, par des images, par des sons, des émotions. Par des intermédiaires aussi. L'écriture, qui transcrit la parole, l'horloge qui rythme le passage du temps, l'instrument qui vibre dans l'air et produit la musique, l'appareil photo qui capte les images, l'enregistreur qui copie les sons. Depuis la nuit des temps, l'information était reproduite par des procédés analogiques. Le mouvement d'une pièce ou d'un matériau évoluant en continu de la même façon, par « analogie », avec le phénomène physique qu'il traduit. La chute des grains de sable dans le sablier, la détente du ressort dans la montre ou l'expansion du mercure dans le thermomètre. La traduction d'un son, d'une image, d'une température, d'une heure, d'un mot, est très fidèle mais peu reproductible et complexe à marier avec d'autres mesures. C'est pourquoi la copie d'une cassette, la photocopie d'un texte, la juxtaposition d'un temps et d'une image n'aboutissaient qu'à une dégradation forte de la qualité et à une difficulté croissante à transmettre l'information.

La numérisation, c'est-à-dire la transformation de toutes les informations en une suite de chiffres, en l'occurrence des zéros et des un, a apporté, à partir des années soixante-dix, la possibilité de reproduction à l'identique et de transmission sans limites. La musique a été l'un des premiers bénéficiaires de cette technologie, avec le texte, avant d'en être la première victime. L'apparition du CD a dopé l'industrie de la musique, mais a permis la généralisation du piratage, puisque la copie était aussi bonne que l'original.

Puis la photo, le cinéma, la télévision, les télécommunications, la localisation géographique et progressivement toutes les informations ont pu être numérisées, c'est-à-dire décrites par des zéros et des un, le seul langage compréhensible par l'ordinateur et son logiciel. En 2000, le stockage numérique ne représentait qu'un quart des informations au niveau mondial. Le reste était stocké sous des formes analogiques comme le papier, les bandes magnétiques, les films, les disques vinyles... En 2013, 98 % de l'information a basculé vers le numérique[1].

Le logiciel de la fameuse Google Car reçoit ainsi des images, des sons, des traces radar, un signal GPS, les compare instantanément avec les cartes du parcours, les données historiques de ses précédents

1. Viktor Mayer-Schönberger, Kenneth Cukier, *Big Data : La révolution des données est en marche (A revolution that will transform how we live, work and think),* Laffont, 2014.

voyages et de ceux de ses congénères. Des quantités considérables d'informations en tous genres qu'il traite et mélange aussitôt pour analyser et agir, comme le ferait le cerveau d'un chauffeur.

Voilà pourquoi le logiciel est appelé à devenir la pièce centrale de toutes les voitures. L'ordinateur d'une Mercedes, d'une Tesla ou d'une Renault est bien plus sophistiqué que celui des Airbus d'il y a dix ans. Celui de la Tesla Model S gère la suspension, l'énergie, l'éclairage, la climatisation, la navigation, la conduite, l'entretien… Et cela est vrai de la plupart des objets qui nous entourent. Dans un article à sensation publié en août 2011, l'entrepreneur et investisseur le plus célèbre de la Silicon Valley, Marc Andreessen, affirmait que « le logiciel est en train de manger le monde[1] ». Non pas qu'il remplace notre voiture, nos machines et nos maisons mais, progressivement, grâce à la numérisation de toutes les données, il devient la pièce essentielle, où est concentrée l'intelligence.

Aussi, les entreprises qui gagnent sont soit de nouveaux arrivants venus du logiciel, soit des entreprises qui se sont transformées autour de cette technologie. Uber, qui fait tant souffrir nos taxis, n'est pas une société de transport, mais d'informatique. C'est la qualité de son application pour smartphone qui fait la différence. Elle permet de visualiser et localiser en temps réel sur son écran, grâce aux données numériques GPS, les chauffeurs à proximité de

1. Marc Andreessen, « Why Software Is Eating The World », *The Wall Street Journal*, 20 août 2011.

l'endroit où on se trouve, et d'établir instantanément un prix en fonction de l'offre et de la demande. Des prouesses qu'elle doit au talent de ses développeurs de logiciels et non de ses gestionnaires de trafic. Les taxis ne sont pas au bout de leur peine avec Uber puisque Google, qui est son actionnaire, rêve d'utiliser sa nouvelle science des voitures sans conducteur pour créer un jour un système de transport public individuel. Du porte-à-porte, mais sans chauffeur…

Tout cela a été rendu possible par l'accroissement considérable de la performance des composants électroniques. Tout le savoir du monde dans un centimètre carré…

6

Vers l'infiniment petit et au-delà

L'aventure numérique ? Elle a réellement commencé dans les années soixante-dix avec l'invention du microprocesseur par la toute jeune société Intel. Ce calculateur miniature, qui réunit tous les composants (transistors) sur un seul petit carré de silicium de la taille d'un ongle, a donné le coup d'envoi à la course à la puissance et à la miniaturisation. L'un des trois fondateurs d'Intel, Gordon Moore, a alors remarqué que le nombre de transistors, et donc la puissance de calcul, que l'on pouvait faire tenir sur un seul microprocesseur doublait tous les deux ans. Le premier exemplaire d'Intel, sorti en 1971, en comportait deux mille trois cents. Le modèle sorti huit ans plus tard vingt-neuf mille… Le dernier modèle d'Intel, sorti en 2012, fait tenir sur la même surface 1,4 milliard de transistors. Ce qui signifie qu'il est six cent mille fois plus puissant que son ancêtre. Et que son coût, qui n'a pas varié dans les mêmes proportions, a été baissé de quasiment autant. Autrement dit, la même unité de puissance coûtait le prix d'une belle maison en 1971 et celui d'un timbre-poste aujourd'hui.

Cette progression folle a également concerné les performances des mémoires et des disques de stockage dont la capacité a augmenté dans les mêmes proportions, et même deux fois plus dans le cas des disques durs. La puissance installée dans un iPhone actuel est supérieure à celle utilisée par la Nasa en 1969 pour envoyer les hommes sur la Lune. Sur leur blog, deux chercheurs de Google se sont amusés à faire la comparaison. Résultat : « La puissance de calcul nécessaire aujourd'hui à une recherche Google correspond à celle mise en œuvre pour l'ensemble du programme Apollo, sur terre et dans l'espace[1]. » Celui-ci a duré onze ans et a lancé dix-sept missions.

Une telle accélération technologique en moins d'un demi-siècle est difficile à appréhender pour le cerveau humain qui spontanément peine à comprendre les progressions géométriques. D'où son incapacité à anticiper l'avenir et son doute face à l'accélération du progrès actuel. Le prospectiviste Jeremy Rifkin aime à citer l'exemple, familier de tous les mathématiciens, de l'échiquier du grand vizir Sissa. Pour le remercier d'avoir inventé le jeu d'échecs, le calife lui accorde un vœu. Celui-ci demande de poser un grain de riz sur la première case d'un échiquier, deux sur la deuxième, et ainsi de suite en doublant à chaque fois. Parvenu à la moitié de l'échiquier, le sultan croit s'en tirer à bon compte avec quelques dizaines d'hectares de culture pour produire les deux milliards de grains présents

1. http://insidesearch.blogspot.fr/2012/08/the-power-of-apollo-missions-in-single.html

sur le plateau. Mais ce sont les trente-deux cases restantes qui défient l'imagination. A la dernière, on atteint la somme de dix-huit milliards de milliards… soit plus que le cumul de toute la production de riz depuis l'aube de l'humanité. Pour Rifkin, nous ne sommes aujourd'hui qu'à la moitié de l'échiquier…

Plus prosaïquement, le dernier radar de la Google Car, installé en 2014, voit deux fois plus loin que son prédécesseur, 300 mètres au lieu de 150 mètres, sa finesse de résolution est trente fois plus élevée, il est deux fois plus petit et coûte sept fois moins cher. C'est cela l'inusable loi de Moore dont on prédit régulièrement la fin sans jamais la voir venir.

Ne restait plus alors qu'à mettre en relation un monde de plus en plus numérique et une puissance de calcul et de stockage qui semble tendre vers l'infini…

Tous ensemble

Ce réseau, celui d'internet, n'est pas franchement une nouveauté. Le temps semble loin des premiers modems des années quatre-vingt-dix qui crachouillaient avant d'établir une communication vacillante comme la flamme d'une bougie. La généralisation du haut débit durant les années 2000, c'est-à-dire au moment même où l'éclatement de la bulle internet avait remisé au placard les espoirs des start-up de la nouvelle économie, a rendu possibles les échanges de gros fichiers comme les vidéos, et l'avènement des réseaux sociaux. Avec Facebook et son milliard d'utilisateurs, internet a trouvé son médium, avec Google, son guide et avec Amazon, son magasin. Restait à donner à la Toile la seule chose qui lui manquait : la mobilité. La commercialisation du premier iPhone d'Apple en 2007 a ouvert un nouvel âge, celui de l'internet partout et tout le temps. « Maintenant tenant en main le monde[1] », philosophe le malicieux Michel Serres pour décrire, du haut de ses quatre-vingt-quatre ans, les mœurs de la société qui vient. Et la prochaine vague est déjà en cours, c'est celle des objets connectés capables de dialoguer entre eux sans intervention humaine...

Nombre des ruptures dont nous avons parlé, comme celle des transports, sont les enfants de l'internet mobile. Pas simple d'aller dans un web café quand on a besoin de commander un taxi ou de comparer un prix dans un magasin. Mais le mariage de l'internet, de la numérisation du monde et de la loi de Moore a donné d'autres progénitures. Comme le *cloud computing*, formule poético-barbare que cette informatique dans les nuages qui consiste simplement à déporter le stockage des données, ses textes, sa musique, ses films et sa documentation dans le réseau lui-même, afin de les rendre accessibles de partout.

Ce livre, écrit à quatre mains, l'a été sur Google Doc qui stocke les textes dans ses serveurs, les rend accessibles de n'importe où et permet de travailler à plusieurs sur un même document. Le temps et l'espace ne sont plus des obstacles. Par extension,

1. Michel Serres, *Petite Poucette*, Le Pommier, 2012.

les logiciels que l'on utilise, pour travailler ou se distraire, ne sont plus logés dans notre ordinateur ou notre téléphone mais accessibles depuis le Web. Paradoxalement, le logiciel s'efface, lui aussi, devenant un service comme les autres. Uber, Airbnb ou Blablacar sont des applications qui ne s'animent que si elles sont branchées sur le réseau.

L'autre révolution est celle des données. Celles-ci sont le résultat de la numérisation de toutes les informations sur nous-mêmes et sur le monde qui nous entoure et de la chute des prix des composants électroniques qui permet d'en équiper la moindre cafetière ou la plus modeste des cartes de fidélité et de connecter tout cela à internet. Autrement dit, à des réseaux d'ordinateurs-serveurs qui stockent désormais chaque année l'équivalent de toute la mémoire du monde et qui permettent à d'autres calculateurs d'analyser et croiser cette masse hallucinante d'informations. Bienvenue dans le monde du Big Data, le traitement de données en masse !

Ici, plus d'échantillons, de sondages peu significatifs où la population française tient en quelques milliers d'individus. Ce sont des millions voire des milliards de comportements qui sont modélisés et numérisés à l'infini. Car toutes vos activités sur internet, le moindre mail, la plus petite visite sont archivés quelque part. Rien que sur Facebook, deux cents millions de nouvelles photos sont postées chaque jour. Et les membres du réseau cliquent trois milliards de fois par jour sur le petit pouce levé « like » et postent sept cent trente-cinq millions de commentaires (en 2014).

Enfin, le réseau, ce système sanguin qui bat en permanence et irrigue désormais presque la moitié des habitants de la planète (trois milliards de personnes, soit dix fois plus qu'en 2000), possède un dernier avantage : il s'améliore en permanence. Chacun peut le constater, l'atout maître de Wikipédia par rapport aux encyclopédies sur papier ou CD-Rom, outre sa gratuité, est le fait que les informations y sont actualisées en permanence et les erreurs, souvent (mais pas toujours), rapidement corrigées. Il en va de même pour tous les logiciels et applications. En fonction des réactions des utilisateurs, le service peut être modifié instantanément. C'est le principe même du moteur de recherche de Google qui s'appuie sur les requêtes des internautes pour accroître la pertinence de ses réponses. Plus il est utilisé, plus il devient précis. Une forme d'apprentissage continu qui fonctionne aussi pour la traduction automatique ou les correcteurs grammaticaux.

Cela conduit les entrepreneurs, plutôt que de longues planifications, à lancer le plus rapidement possible leur produit à petite échelle pour le tester et le faire progresser au plus vite. Cette capacité à s'appuyer sur le retour d'expérience comme levier est un principe fondamental de l'innovation. La méthode n'est pas nouvelle. Au XVe siècle déjà, Henri le Navigateur lançait, depuis Lisbonne, ses explorateurs à la conquête du monde. Les navires embarquaient techniciens, scientifiques, marins, cartographes et aventuriers avec une seule mission : aller le plus loin possible vers le sud et, surtout, revenir. La technique est bonne, mais parfois bien longue.

Les constructeurs automobiles doivent patienter plusieurs années avant de modifier un modèle pour tenir compte des remarques des utilisateurs et corriger les défauts. Les explorateurs du Net n'ont, eux, pas besoin d'attendre. Le partage d'expérience est instantané.

« Et pourquoi, demain, ce ne serait pas possible avec les objets ? » s'interroge l'entrepreneur Eric Carreel. Il a créé et gère trois sociétés : l'une conçoit des objets connectés à internet, la deuxième des accessoires pour téléphones et la dernière, des services d'impression en trois dimensions, aujourd'hui en plastique, demain en métal, le tout à partir d'un simple fichier informatique. Cette technique est évidemment bien plus chère que de produire des milliers de pièces identiques dans une usine, mais elle permet de fabriquer et modifier un objet instantanément.

« Chaque produit sera conçu et fabriqué à la demande, qui tiendra compte du retour utilisateur. Nous sommes à l'aube d'une révolution industrielle », se prend-il à rêver. D'aucuns imaginent même la fin des usines telles que nous les concevons. Car l'accélération technologique actuelle est en train de donner naissance à ce que les spécialistes appellent des « grappes d'innovations », bourgeonnant dans tous les domaines, de l'imprimante 3D au séquençage du génome humain. Son décodage complet, réalisé en 2003, a pris dix ans aux chercheurs pour décrypter les trois milliards de paires de base (brique élémentaire de l'ADN). Aujourd'hui, grâce aux progrès informatiques, ce travail ne prend qu'une seule journée et les machines qui peuvent le faire ne coûtent plus que quelques milliers d'euros.

Artistes du logiciel, surfant sur la vague de la loi de Moore, maîtres des réseaux, les Google, Apple, Facebook et Amazon sont face à une conjonction d'étoiles exceptionnelle, comme il n'en arrive pas tous les siècles. Pas étonnant que leur appétit soit désormais sans limites. Ils peuvent, en théorie, s'occuper de nous du berceau à la tombe !

7

La course à l'algorithme

Si tout sourit aux nouveaux envahisseurs, c'est qu'ils savent mieux que personne exploiter le nouvel or noir du XXIe siècle, les données. A travers leurs algorithmes – suites de règles logiques simples dictant à l'ordinateur ce qu'il doit faire –, ils sont capables de deviner nos besoins, nos envies ou imaginer les services qu'il nous faut. Cette science est désormais un passage obligé pour tous ceux qui prétendent se faire une place dans le capitalisme 3.0. Sans algorithme, point de salut, quel que soit le métier. En témoigne l'aventure rocambolesque vécue en 2013 par le tout nouveau service Autolib' de Paris. Un vrai polar…

L'étrange ballet a commencé rue Vulpian, une petite artère un peu tristounette qui chemine à l'ombre du grand building métallique où siège le journal *Le Monde* dans le XIIIe arrondissement de Paris. Le 21 août 2013, deux hommes s'affairent autour d'une borne de la station Autolib' de location de voitures électriques. Manifestement, ils ne cherchent pas à louer un véhicule, mais plutôt à brancher leurs appareils électroniques sur la prise où se connectent habituellement les petites automobiles grises.

Un « ambassadeur Autolib' », chargé d'aider les clients en difficulté, repère le manège et prévient le siège de l'entreprise. Le même jour, la scène se reproduit à la station de l'avenue de Flandre dans le XIXe arrondissement, puis, le lendemain, rue du 4-septembre, non loin de la Bourse. Questionné, l'un des techniciens mystère affirme travailler pour BMW. La Direction centrale du renseignement intérieur, la DCRI, est alertée. Et quand le 5 septembre, une nouvelle station Autolib', dans le XVIIe, est « écoutée » par ces drôles d'espions, la police intervient, les place en garde à vue et saisit leur matériel.

Dévoilée par *Le Figaro* trois jours à peine avant le démarrage du salon de l'automobile de Francfort 2013, la nouvelle a fait désordre. Alors, la même semaine, BMW France s'est fendu d'un e-mail directement adressé au grand patron du groupe propriétaire d'Autolib', Vincent Bolloré, pour s'excuser et minimiser ces tests « au caractère bénin et non intrusif », destinés, selon le constructeur allemand, à tester les équipements de recharge existant sur la voie publique à la veille du lancement de sa première voiture électrique.

Le plus extraordinaire est que, curieusement, BMW a reconnu les tests pratiqués en août… mais pas le dernier, en septembre, qui a valu aux techniciens allemands d'expérimenter la garde à vue à la française et un interrogatoire serré dans les locaux de la Brigade d'enquêtes sur les fraudes aux technologies de l'information (BEFTI). On apprendra plus tard le nom de l'autre commanditaire : Volkswagen.

Bel hommage tout de même que de se faire espionner par deux des plus prestigieux constructeurs automobiles au monde. Surtout quand on s'appelle Bolloré et que l'on n'a, à son actif, que la fabrication de mini-voitures électriques, plus proches de la boîte de conserve à roulettes que des carrosseries de rêve du constructeur bavarois. A tel point que certains mauvais esprits ont insinué que le Français aurait volontairement donné grande publicité à l'affaire pour mieux valoriser sa réussite. D'ailleurs, la paix des braves est vite arrivée. L'affaire s'est soldée, en juin 2014, par un non-lieu et BMW a signé un accord avec Autolib' pour pouvoir, comme Renault, brancher ses voitures électriques sur le système parisien.

L'algorithme et le piston

Le succès d'Autolib' n'avait pourtant pas besoin de label allemand. Le système d'autopartage parisien de véhicules électriques est unique au monde par son échelle. Inauguré en décembre 2011, il revendiquait, fin 2013, plus de cent mille abonnés et trois millions de locations. En octobre 2014, il comptait deux mille cinq cents véhicules loués quinze mille fois par jour dans près de neuf cents stations, soit six locations quotidiennes pour chaque voiture. Le système, qui fonctionne comme une délégation de service public, est accessible dans soixante-trois communes du grand Paris. A la différence de la plupart de ses concurrents mondiaux, Autolib' permet de prendre une voiture n'importe où, de la rendre à l'autre bout de la ville, de la réserver si on le souhaite au départ et à l'arrivée avec son seul smartphone.

Les abonnements au service, qui ont doublé en un an, se sont envolés dès que ces fonctionnalités de réservation avec un simple téléphone ont été proposées. C'est la victoire de l'algorithme sur le piston. L'automobile n'est plus au centre mais à la périphérie. Le logiciel occupe la place principale. Son développement a été réalisé par une petite start-up, Polyconseil, achetée peu avant par le groupe Bolloré. Il n'a fallu que neuf mois à trente personnes pour le mettre au point. L'intelligence du système est concentrée dans ces lignes de codes, ainsi que dans l'infrastructure télécom et dans les fameuses bornes. Pas dans les voitures.

L'informatique est donc aussi la nouvelle frontière des constructeurs automobiles qui voient débouler devant leur pare-brise des acteurs venus d'ailleurs. BMW et Volkswagen ne sont pas les seuls à s'inquiéter au point d'aller voir de « très près » de quoi il retourne. PSA, Renault, Ford, Fiat et les autres ont sonné le tocsin.

Les nouveaux arrivants attaquent en plus sur deux fronts. Sur la technologie bien sûr, avec l'avènement de la voiture pilotée par le logiciel, à l'image de la Google Car qui n'a carrément plus besoin de conducteur. Mais aussi sur le front des usages : Autolib' et son système de partage si pratique que l'on en oublie l'inconfort de ses petites voitures. Et surtout que l'on ne songe plus à avoir une voiture à soi. Fini la propriété, vive le partage et la location ! Avec, à chaque fois, la même menace, celle de prendre une part toujours plus grande du gâteau et de déplacer le terrain vers des zones dangereuses pour les fabricants installés, dont certains comme PSA, Ford ou Daimler ont bien plus de cent ans d'âge au compteur.

Face à la menace, Daimler, le fabricant des Mercedes, a mis en place depuis 2008 un système de location de voitures proche de celui d'Autolib'. Son offre Car2Go est implantée dans une vingtaine de villes dans le monde et utilise les petites Smart fabriquées par le constructeur. A Berlin, Citroën a déployé son service de location Multicity avec trois cent cinquante voitures électriques. Enfin Renault, un peu en retard, vient de signer avec le groupe Bolloré et son Autolib' pour partir avec lui à la conquête de l'international. Première étape : Londres.

Tous ont intérêt à se bouger. Selon le cabinet de conseil AlixPartners, le nombre d'usagers des services d'autopartage pourrait être multiplié par dix entre 2011 et 2020 pour atteindre huit millions d'usagers en Europe avec une flotte de cent trente mille véhicules. Parmi ces conducteurs, il se pourrait bien qu'une bonne partie renonce à devenir propriétaire, marquant ainsi une rupture profonde avec le fondement idéologique de la plupart des sociétés occidentales.

Ordinateurs sur roues

Sur le front de la technologie, les constructeurs n'ont pourtant pas attendu Google pour engager la contre-offensive. Même si sa domination semble écrasante dans ce domaine, en tout cas chez lui. En septembre 2014, l'Etat de Californie a carrément créé un permis spécial pour les voitures sans conducteur, réservé aux constructeurs qui veulent les tester sur les routes de la région. Elle en a, dans la foulée, délivré vingt-neuf : vingt-cinq pour Google, deux pour Mercedes et deux pour Audi…

D'ores et déjà, des modèles haut de gamme commercialisés par Mercedes ou Nissan permettent de suivre une ligne sur l'autoroute sans toucher le volant ou de se déplacer seul dans un embouteillage en gardant constante la distance avec la voiture de devant. Tous les nouveaux modèles de Renault, de la petite Zoé électrique à la nouvelle Espace luxueuse intègrent le système AirLink avec un grand écran qui permet à la fois la navigation et la maintenance de la voiture. « Il y a trois ans, tous les constructeurs voyaient ce genre de voiture hyperconnectée avec délégation de conduite pour 2025. Maintenant, nous sommes tous engagés sur des sorties commerciales avant 2020 », reconnaît Patrick Hoffstetter, le patron du numérique chez Renault.

Il faut dire qu'ils ont été également secoués par le succès surprise d'un voisin de Google, le constructeur automobile Tesla. Repris à ses tout débuts par l'as du logiciel Elon Musk, ce petit producteur californien a réussi à rendre la voiture électrique aussi désirable que la plus séduisante des berlines de luxe anglaise ou allemande.

La voiture est belle, certes, extrêmement sportive aussi, mais sa vraie différence c'est l'immense écran qui trône sur le tableau de bord. Il participe au pilotage, à la navigation, à la gestion de la conduite, mais aussi à son entretien. Le soir, quand la voiture se recharge, le logiciel se met à jour, comme l'ordinateur de son bureau. Histoire, par exemple, d'ajouter de nouvelles vitesses à l'essuie-glace, ou cette option qui ajustera la vitesse en fonction de la limite lue sur les panneaux routiers. Et comme le rappelle Philippe Chain, un ancien de Renault parti travailler deux ans chez le constructeur californien : « La Tesla, c'est un ordinateur sur roues. Elle a été conçue comme un objet électronique avec au cœur un système d'exploitation, exactement comme un PC ou un smartphone. » Et ça change tout. Mais quoi exactement ?

Toujours plus vite

Pour les constructeurs, tout cela implique d'apprendre et de recruter dans de nouveaux métiers, comme les télécoms ou le logiciel. Mais cela impose aussi un autre mode de fonctionnement dans des écosystèmes ouverts, où l'on n'hésite pas à collaborer avec des petites entreprises de pointe capables d'aller beaucoup plus vite, comme Bolloré l'a fait avec Polyconseil. La vitesse devient d'ailleurs une nécessité absolue. Comme pour les téléphones, il faut sortir rapidement les produits, quitte à les faire évoluer constamment. « Depuis cent quinze ans, Renault travaille selon un cycle long pour sortir une voiture, du cahier des charges à la vente, rappelle Patrick Hoffstetter. On a réussi à le réduire de sept ans à cinq ans, voire trois. Mais dans le monde connecté, un marché explose en six mois. Il faut tester les produits en quelques jours ou semaines, pas en cinq ans ! Les nouveaux besoins n'attendront pas aussi longtemps. »

Et ces nouveaux besoins ne concernent pas que le produit, mais aussi la manière de le vendre. Chez Renault, on affirme qu'aujourd'hui, 95 % des clients se renseignent sur internet avant d'acheter une voiture et que les deux tiers sont influencés par les réseaux sociaux. Pour vendre aussi, l'algorithme est roi. Celui-ci a été mis au point par la société américaine Salesforce.com qui va inonder les concessions de Renault avec son application. Elle permet de tout savoir sur le client, avant même qu'il ait franchi la porte de la concession. Un détail qui ne trompe pas. Quand le numéro deux de Renault, Patrick Pelata, a dû démissionner à la suite de l'affaire des faux espions en 2011, il a été immédiatement embauché par... Salesforce.com. Une entreprise inconnue il y a cinq ans, qui s'offre aujourd'hui une tour entière dans les beaux quartiers de San Francisco.

Le nouvel ordre de Malte

Mais il n'y a pas que dans l'automobile que l'algorithme et les données s'insinuent et menacent les positions acquises. En mai 2010, le groupe Suez Environnement annonçait avoir remporté un contrat d'installation et de gestion des compteurs d'eau sur l'île de Malte. Rien de très excitant ni original à première vue. Un contrat pour une île dont la population totale n'excède pas celle de la ville de Toulouse. Une petite originalité néanmoins. Ce n'est pas l'Etat de Malte qui a octroyé ce contrat, ni même la compagnie d'eau locale, mais IBM.

Etrange, Big Blue, le géant américain de l'informatique gestionnaire de l'approvisionnement en eau d'un joli caillou méditerranéen. Plus surprenant encore, IBM a remporté en 2009 ce contrat de gestion des réseaux d'eau et d'électricité, face à... GDF Suez, la propre maison mère de Suez Environnement. Car l'île manque cruellement d'eau douce. Alors, elle dessale celle de la mer, mais cela lui coûte horriblement cher en électricité et ses centrales sont à bout de souffle. Economiser l'eau revient donc à éviter de construire une nouvelle centrale. IBM, spécialiste de la gestion informatique des réseaux, a présenté le projet le plus convaincant. Et c'est comme cela qu'une société d'eau peut devenir sous-traitante d'un informaticien dans un contrat de gestion de l'eau.

« Nous ne sommes pas concurrents mais partenaires, modère-t-on chez IBM, mais quand le contrat est à 50 % de l'informatique, il est normal que nous soyons leaders. » En effet, s'approvisionner en eau, en électricité ou en chaleur, c'est maintenant surtout affaire d'algorithmes, de données. Des capteurs, des relevés et du traitement informatique permettent de détecter rapidement les fuites, de connaître les habitudes de consommation et d'adapter le réseau en temps réel au plus près des besoins. Comme dans l'automobile, dans l'hôtellerie ou le commerce, le logiciel, le réseau et les données sont en train de s'imposer, en captant la ressource la plus précieuse aujourd'hui : les informations sur les clients.

Quand Bouygues a peur d'un thermostat

A Issy-les-Moulineaux, en région parisienne, un « éco-quartier » 100 % high-tech et 100 % développement durable a été construit dans l'ancien fort de la ville. Mille six cents logements symbolisent le futur de l'habitat et de la ville intelligents. Tout y est connecté. Dans chaque appartement, le résident programme à partir d'un écran tactile, situé dans l'entrée, l'allumage des lumières, de son chauffage et ses volets. L'écran l'informe également en temps réel de sa consommation énergétique. Luxe ultime, le tout est pilotable depuis une application mobile.

Dans la ville de demain souffle aussi le vent de l'entraide, du partage et de l'échange. Au moment d'emménager, les habitants du Fort d'Issy s'étaient ainsi regroupés pour négocier des prix chez Darty et Boulanger. Aujourd'hui, les Issois du quartier communiquent sur le réseau social qui leur est réservé. Chacun y poste son message. Fab, qui s'installe, aimerait emprunter un fer à souder, SarahLS, étudiante, propose des heures de baby-sitting et de soutien scolaire, et Marie-No recherche des conversations en anglais.

A l'origine du Fort d'Issy, se trouve Bouygues Immobilier, qui a conçu non seulement les bâtiments, mais l'ensemble des services attenants. « On vend de plus en plus de l'usage, plutôt que de la propriété », justifie Christian Grellier, vice-président Innovation et développement durable du groupe. Sur un bâtiment, Bouygues Immobilier prend des engagements en matière de consommation d'énergie, ce qui nécessite de capter et d'analyser les données afin d'optimiser la gestion du chauffage ou de la climatisation. A Issy-les-Moulineaux, le groupe a travaillé avec Microsoft et Bouygues Telecom. Sur sa route, il croise donc Nest, le thermostat racheté par Google, qui s'insère dans l'habitat et connaît mieux que vous-même vos habitudes de vie et de consommation.

Pour le moment, Nest reste un thermostat inoffensif. Mais que se passera-t-il s'il fait son entrée dans tous les foyers, devenant aussi indispensable qu'un smartphone ? « Demain, ils pourront nous dire : je sais comment fonctionne votre bâtiment, et je viens vous vendre les données. Nous voulons garder la propriété de nos données », avance Christian Grellier.

C'est un transfuge d'Apple, Tony Fadell, qui a mis au point ce petit thermostat Nest. Posé chez le client sur un mur, ce gros œil design mesure la consommation électrique et peut reconnaître rapidement, par leur profil, les différents appareils et piloter leur usage. Pas grand-chose a priori, juste une connaissance fine et unique de la façon dont les gens vivent chez eux, se chauffent, font la cuisine et tout le reste. Jamais EDF n'a tenté de récolter de telles informations. D'ailleurs, producteur d'énergie, il se rémunère sur le kilowatt et sa motivation est faible pour inciter ses propres clients aux économies. Il ne commence qu'en 2014 à remplacer ses compteurs par des machines pilotables à distance mais plus proches, au niveau technologique, du Minitel d'hier que du smartphone d'aujourd'hui. Il n'est d'ailleurs pas connecté à internet.

Bien sûr, Google n'ira pas, dans un avenir proche, construire des centrales nucléaires. Mais ce n'est pas grave, il se contentera de capter à son profit les consommateurs en leur vendant la possibilité d'économiser l'électricité, de gérer leur consommation, voire un jour de changer de fournisseur d'énergie. Google est déjà un cauchemar pour la SNCF. Il pourrait bien le devenir un jour pour EDF.

EDF, Bouygues, Suez Environnement... Pour résister à la vague de la Silicon Valley, ces métiers, aussi vieux que la révolution industrielle, doivent faire leur mue, devenir concepteurs d'algorithmes, animateurs de réseaux sociaux. Avec la difficulté de combattre des géants disposant d'une bonne longueur d'avance, et de réflexes issus du capitalisme 3.0. Au cœur du bras de fer, une véritable bataille pour l'or noir du XXIe siècle a commencé.

8

De Big Data à Big Brother

Au croisement de l'avenue Hamilton et de la rue Alma, au cœur de Palo Alto, dans la Silicon Valley, un joli bâtiment déploie ses grandes baies vitrées sur une façade brique. Ses habitants l'appellent « The Shire », « la comté » en français, soit le pays merveilleux des petits hobbits, ces joyeux drilles au cœur de la saga de Tolkien, *Le Seigneur des anneaux*. La société elle-même s'appelle Palantir, en référence à ces pierres du roman dans lesquelles on peut voir l'avenir, ou du moins ce que l'on y cherche. Le grand chef de cette tribu ne porte pas la barbe de Gandalf, le druide fétiche des hobbits, mais une abondante tignasse bouclée. Alexander Karp est l'un des patrons les plus excentriques de la Silicon Valley.

Elevé par des parents plutôt hippies, un père artiste et une mère pédiatre, il passait ses week-ends d'enfance dans les manifestations anti-Reagan pour défendre les droits civiques et la cause des opprimés. Il a ensuite obtenu un doctorat de « théorie sociale » à Francfort sous la houlette du grand philosophe allemand Jürgen Habermas, plutôt marqué à gauche.

Mais Alexander l'intellectuel, également adepte de la méditation chinoise qi gong, est maintenant à la tête de l'une des armes de guerre les plus redoutables qu'ait forgées l'armée américaine : le Big Data.

Grâce à Palantir, les soldats en mission en Afghanistan ont pu déjouer les pièges des terroristes et, par l'analyse croisée de millions d'informations sur l'identité des suspects, les comptes rendus d'interrogatoires, les données recueillies après les attentats, leur localisation, les conversations sur les réseaux sociaux, participer de façon majeure à la traque et à l'élimination de Ben Laden en mai 2011. Une autre fois, l'outil a permis de coincer un baron de la drogue mexicain. Comme le note le journaliste Mark Bowden dans son livre *Il faut tuer Ben Laden*, rarement le produit d'une entreprise informatique n'aura mieux mérité le qualificatif de « killer application ».

Les logiciels de Palantir ne visent pas que les terroristes, même si l'entreprise a été créée en 2005 dans cet objectif par le cofondateur de PayPal, Peter Thiel. Aujourd'hui, la société vend ses services en majorité à des entreprises privées. Des banques qui veulent détecter des fraudes, des laboratoires pharmaceutiques pour accélérer la recherche sur leurs produits, des investisseurs en quête d'analyses prédictives sur les grands mouvements économiques. Au journaliste du magazine *Forbes* qui l'interrogeait, Alexander Karp, qui aime bien pontifier auprès de ses salariés par l'intermédiaire de discours sur Marx ou sur l'intégrité morale, reconnaît que l'un des objectifs de Palantir était de « tuer » des géants du conseil très liés au gouvernement fédéral, comme IBM ou Booz Allen Hamilton. Ce même Booz Allen qui n'est autre que l'ex-employeur d'Edward Snowden, l'analyste qui a dévoilé au monde entier les pratiques d'écoute de l'agence américaine d'espionnage, la NSA, et doit aujourd'hui vivre caché et loin de son pays, considéré comme un traître à la nation et sujet à d'innombrables menaces de mort. Mais reconnu comme un héros par tous les hackers rebelles qui l'ont érigé en saint martyr de la lutte contre l'espionnage d'Etat et la protection de la vie privée sur internet.

Le vertige des grands nombres

Il pourrait ajouter bien d'autres noms de victimes à son futur tableau de chasse. Car cette capacité d'analyser des masses de données considérables est en train de bouleverser en profondeur des métiers entiers. Le Big Data, c'est d'abord le vertige des grands nombres, à la mesure de l'adoption massive d'internet et des informations qui y circulent. Le seul Google enregistre plus de six milliards de recherches uniques chaque jour et, en 2013, il gardait en mémoire le contenu de cinquante milliards de pages web.

Chaque jour, l'humanité entière alimente par pelletées de données fraîches la grande chaudière numérique. Des centaines de millions de photos versées quotidiennement sur Facebook et chaque minute cent nouvelles vidéos sont postées sur le site YouTube, soit un total d'une heure par mois et par habitant de la planète. Palantir et ses camarades n'ont qu'à se pencher pour ramasser et exploiter ce gisement considérable qui enfle chaque jour un peu plus.

On n'a encore rien vu. Grâce à la connexion de tous les objets industriels et de la vie courante, les possibilités deviennent infinies. Des capteurs sur les voitures pour enregistrer le comportement du véhicule et celui de son passager. Disney qui équipe les visiteurs de son parc d'un bracelet électronique permettant de les suivre, de gérer les attentes aux attractions, lequel sert de ticket, de portefeuille et de clé d'hôtel au visiteur. Mais aussi la SNCF qui peut analyser l'état de ses trains et de ses rails, ou General Electric qui suit la santé des moteurs d'avions de ses clients. La masse fait la fiabilité. En analysant des millions d'heures de vol et d'incidents, il devient de plus en plus facile de prédire la fatigue des pièces et la nécessité de leur remplacement. Fini la révision des quinze mille kilomètres pour sa voiture ! Dans un monde de Big Data, chaque voiture est rappelée au garage dès que les informations recueillies indiquent qu'il est temps de remplacer une pièce.

Minority Report et les assureurs

On les appelle les 4 V. Le volume, la vélocité (rapidité d'accès), la variété et la valeur sont les quatre commandements d'un monde qui prétend savoir tout sur tout et peut donc également prédire l'avenir par l'analyse fine et exhaustive du passé. Dans le film *Minority Report* de Steven Spielberg, tiré d'une nouvelle de Philip K. Dick, le héros, interprété par Tom Cruise, est un policier qui utilise les dons de certains pour prédire le futur proche et intervenir *avant même* que le crime ne soit commis. Cette situation romanesque, qui plonge dans des abîmes de perplexité – peut-on condamner quelqu'un avant qu'il ait fait quoi que ce soit ? –, est aujourd'hui quasiment une réalité. Le logiciel américain PredPol utilise le Big Data pour donner des indications sur les prochains délits. Le site internet de la société affirme que l'adoption de cet outil, accessible depuis un simple smartphone, aurait permis de faire chuter de 20 % en un an les crimes dans le district de Foothill à Los Angeles. Et la police aurait même, enfin, enregistré une journée sans crime, le 13 février 2014 !

Les métiers les plus touchés par ce raz de marée conceptuel qui renvoie à l'antiquité la notion d'échantillon sont ceux qui, justement, font profession de statistique et d'anticipation du futur. Et notamment les assureurs. Ils aimeraient bien, eux aussi, comme Tom Cruise, prévoir les catastrophes, soit pour les éviter, soit pour mettre un prix en face d'un risque. Mais pour l'instant, ce ne sont pas eux qui ont ce don. Si elle le veut, une société comme Palantir peut devenir le Booking.com de l'assurance : utiliser sa compétence pour détecter les bons clients et leur proposer des rabais importants sur les assurances auto, santé ou habitation. Et si Palantir ne concurrencera peut-être pas Axa, Google le fera très probablement. Après les voyages, les médias ou les livres, l'assurance est l'un des produits les plus achetés et consultés sur internet, notamment en Europe. Déjà, l'entreprise propose aux Etats-Unis et en Grande-Bretagne un comparateur de prix des assurances automobiles. Histoire de se rapprocher des clients potentiels.

La suite, François Bourdoncle, chef de file du plan Big Data mis en place par le gouvernement français, l'a déjà écrite[1]. « Un jour, Google fait apparaître une offre d'assurance 30 % moins chère que la vôtre, raconte-t-il. Intéressé, vous y répondez. Apparaît alors un bouton vous demandant de valider des conditions générales d'utilisation qui vous imposent d'accepter que votre position GPS et les données de votre accéléromètre soient captées en permanence. Sans vous y attarder, vous acceptez. Dès lors que l'opérateur a accès, en permanence, à ces données sur votre personne, il sait si vous êtes oisif ou pas, si vous faites du jogging et combien de kilomètres par jour, si vous conduisez bien ou mal, en ville ou à la campagne, tous les jours ou occasionnellement, en semaine ou le week-end, etc. Il peut donc réaliser un pricing sophistiqué parfaitement adapté à ce profil et vous établir un contrat sur-mesure. »

La machine infernale est alors enclenchée. Les bons clients viendront et les mauvais seront dissua-

1. François Bourdoncle, « Peut-on créer un écosystème français du Big Data ? », *Le Journal de l'école de Paris du management*, avril 2014.

dés, car les prix seront prohibitifs pour lui. Les assureurs devront alors à la fois baisser leurs prix pour s'aligner tandis que le taux de sinistres montera avec le départ des bons clients. Une pression sur les marges qui sera vite insupportable. Puis viendra la deuxième étape, toujours selon Bourdoncle, qui verra Google se retourner vers les assureurs pour leur demander de prendre en charge ces contrats, puisque ce n'est pas son métier. Une aubaine pour les petits assureurs pris à la gorge. En échange, ces derniers communiquent au moteur de recherche les dernières données qui lui manquaient : le taux de sinistralité. Le croisement des deux types de données, celles sur les comportements et celles sur les sinistres, permettra d'affiner encore plus les prévisions, pesant encore davantage sur la rentabilité des assureurs. Libre ensuite à Google d'endosser l'habit d'assureur ou de se contenter d'avoir détourné à son profit les clients et les contrats, en laissant à ses sous-traitants à peine de quoi vivre.

Ce scénario est bien sûr dans la tête des assureurs qui anticipent déjà une Bérézina chez les petits acteurs et des fusions en chaîne, notamment dans le domaine de la santé, encore très atomisé. D'autant qu'un autre danger les menace avec internet : celui du sort des agences, le plus souvent tenues par des indépendants franchisés. Il y en a plusieurs milliers qui travaillent pour Axa et qui emploient près de quatorze mille salariés. « Nous avons lancé de grands plans de formation et leur disons : cette adaptation est inéluctable », reconnaît Nicolas Moreau, le P-DG d'Axa France. Axa embauche désormais à tour de bras des « data scientists », ces petits génies qui font parler les données, et convertit ses actuaires à ce nouveau métier. La filiale française va, de plus, dépenser 180 millions d'euros dans les trois ans à venir pour investir dans son outil informatique, développer de nouveaux produits et prendre des participations dans des start-up.

Déjà, des expériences sont en cours dans le domaine de l'automobile et de la santé. En 2015, la firme va proposer une assurance auto sur le mode « pay how you drive ». En échange d'un petit boîtier « mouchard » installé dans la voiture et qui renseigne sur le comportement de conduite (accélération, freinage, virage, allure), le tarif sera modulé en fonction de la modération du conducteur. Mieux qu'un radar !

Mais, malgré tout, l'Europe n'autorise pas les mêmes acrobaties avec les informations sensibles sur les clients qu'en Amérique. Ainsi, le réassureur français Scor fait-il tourner aux Etats-Unis, pour ses clients assureurs, son logiciel, baptisé Velogica, qui croise dix ans d'histoire médicale et judiciaire. Il donne un prix face à un risque avec une précision bien plus grande, mais ne communique aucune donnée personnelle à l'assureur, en théorie. « Face à un client de plus en plus informé, les données permettent de rétablir une symétrie entre l'assuré et l'assureur, explique Philippe Trainar, l'économiste en chef de Scor. Car le vrai risque pour un assureur, ce n'est pas de perdre un client, mais de mal le tarifer, par manque d'information. » La guerre des prix ne fait que commencer ! Et avec elle l'arrivée d'une concurrence qui ne craint rien ni personne et qui fait monter en première ligne ses juristes et ses avocats. Avec un objectif : passer entre les mailles d'une loi qui n'est pas faite pour eux.

9

Les nouvelles règles du jeu

Dans ce nouveau monde, si les Anciens activent leurs relations, les Modernes, eux, jouent sur les mots. Les Uber, Airbnb et autres Amazon s'insinuent dans les interstices juridiques créés par l'innovation et frôlent les lignes jaunes pour s'imposer. Avec un principe de base : tout ce qui n'est pas interdit explicitement est autorisé. Aux taxis qui accusent les VTC de concurrence déloyale, Uber rétorque qu'il n'est pas une compagnie de transport mais de logiciels, se contentant de mettre en relation clients et chauffeurs de limousine. Même discours chez Airbnb, qui joue sur la location saisonnière, une pratique autorisée. Et pourtant, ces deux entreprises aspirent les recettes des hôteliers et des taxis, en s'affranchissant des contraintes réglementaires qui contrôlent ces professions depuis des lustres. Tourisme, banque, télécommunications, santé, automobile… Aucun secteur n'est épargné. Non seulement le numérique dérégule à outrance, mais il crée aussi d'énormes monopoles naturels qui échappent aux législations en cours.

Installé confortablement dans son magnifique bureau donnant sur la place de l'Hôtel-de-Ville de Paris, sous un portrait géant de Georges Clemenceau qui semble surveiller ces lieux qu'il occupa un siècle plus tôt, Jean-Louis Missika est un peu gêné aux entournures. Universitaire, spécialiste de l'innovation et des médias, il connaît par cœur la stratégie des nouveaux arrivants. « Par définition, la réglementation est toujours en retard sur l'innovation. C'est un principe de base, mais avec la globalisation, tout va plus vite », reconnaît-il. Mais en tant qu'adjoint de la maire de Paris, en charge de l'urbanisme et du développement économique, il doit faire respecter les règles. « On ne veut pas tuer Airbnb mais nous devons faire en sorte que cela ne perturbe pas l'hôtellerie traditionnelle ou le marché du logement », ajoute-t-il. Qu'aurait fait le Tigre Clemenceau, élu en 1875 président du conseil municipal de Paris, lui qui proclamait : « Qu'est-ce que votre laisser-faire, votre loi de l'offre et de la demande, sinon l'expression pure et simple de la force ? Le droit prime la force : voilà le principe de la civilisation ? » Ou plutôt, aurait-il eu les moyens de faire quoi que ce soit ? Comment lutter contre des ennemis insaisissables, à la fois partenaires et adversaires, implantés localement, internationalement, partout et nulle part à la fois ?

Il faut démanteler Google !

Les attaques contre les maîtres du capitalisme 3.0 sont rares. Google, qui détient plus de 90 % de parts de marché dans la recherche sur internet en Europe, fait l'objet d'une enquête de la Commission européenne pour abus de position dominante. Le géant du Net favoriserait ses propres services au détriment de ses concurrents. Mais il a fallu cinq ans à la Commission européenne pour accuser Google. Avant cela, les commissaires bruxellois avaient tenté de négocier à l'amiable, pour éviter de longs contentieux. Ce dernier était d'accord, mais la Commission a fait machine arrière, découragée par la bronca des ennemis du moteur de recherche jugeant les mesures insuffisantes.

Fin 2014, le Parlement européen, emmené notamment par des Allemands très remontés, votait même le principe de la scission du groupe, séparant le moteur de recherche du reste. Un geste purement symbolique tant qu'il n'est pas suivi par les commissaires européens, mais qui prouve l'inquiétude récurrente du politique et l'impuissance de la réglementation. « Avant, les monopoles étaient conférés par l'Etat à des entreprises proches de la puissance publique. Avec internet, elles sont le produit de l'innovation privée et se construisent souvent sans et même contre les Etats. C'est pourquoi il n'est pas toujours aisé de mobiliser le droit de la concurrence. Il faut apporter la preuve que l'algorithme a été conçu dans le but de discriminer d'autres acteurs.

C'est un standard élevé », juge Bruno Lasserre, qui rappelle que « le droit de la concurrence ne punit pas l'argent » et que « Google a permis à beaucoup d'entreprises d'accéder à la publicité ».

Le très courtois président de l'Autorité de la concurrence sait de quoi il parle. C'est lui qui a conçu la libéralisation du secteur des télécommunications dans les années quatre-vingt-dix et qui a inauguré en France une politique de la concurrence n'hésitant pas à sanctionner très sévèrement aussi bien Orange, SFR et Bouygues que les fabricants d'ascenseurs ou les sociétés d'autoroutes. Désormais, il s'attaque aux grandes plates-formes internet. Même s'il marche sur des œufs, sa persévérance finit par payer. Bruno Lasserre a ainsi fait plier les sites de réservation comme Booking.com, qui s'étaient octroyé un monopole de fait dans la fixation du prix des chambres au détriment des hôteliers. Les professionnels ont pu récupérer leur capacité commerciale et la possibilité de créer des liens privilégiés avec leurs clients.

« Double Irish », le cocktail sans impôts

Cette obsolescence des règles existantes trouve sa meilleure illustration dans la fiscalité. Google, Apple, Facebook, Amazon… Les Gafa, et désormais leurs avatars que sont Airbnb, Uber ou Netflix paient très peu d'impôts malgré de généreux profits. Leur secret ? Un système d'optimisation fiscale très élaboré, qui joue sur les lois locales les plus favorables. En Europe, il prend le nom d'un cocktail, ou plutôt d'un sandwich : le « double Irish ». Sa recette est simple : la multinationale installe en Irlande le siège de ses activités en dehors des Etats-Unis. Elle y rapatrie l'ensemble des bénéfices européens. L'Irlande offre plusieurs avantages : non seulement l'impôt sur les sociétés et les charges sociales sont plus bas qu'ailleurs, mais, surtout, la législation autorise les entreprises à loger leurs bénéfices dans des sociétés de droit commercial irlandais, résidant dans des paradis fiscaux comme les Bermudes, les Caïmans ou les îles Vierges britanniques.

Grâce à cette spécialité irlandaise, Google n'a déboursé en France que 7,7 millions d'euros d'impôts en 2013, alors qu'il a encaissé 1,5 milliard d'euros de chiffre d'affaires, selon les estimations. En 2012, Facebook, dont les bénéfices sont abrités aux îles Caïmans, n'a payé que 191 000 euros d'impôts en France. Chez Apple, l'optimisation fiscale a été érigée en art majeur. Jouant sur un entrelacement complexe de sociétés situées en France, au Luxembourg, en Irlande et aux îles Vierges britanniques, la firme à la pomme n'a versé en 2011 que 6,7 millions d'euros au fisc français, une aumône comparée aux 3,5 milliards d'euros de chiffre d'affaires, selon le site internet de BFMTV[1].

L'optimisation fiscale n'est pas l'apanage des multinationales américaines, mais elle a pris une dimension industrielle avec le numérique. Après avoir longtemps fermé les yeux sur ces pratiques, les Etats,

1. Jamal Henni, « Apple n'a payé que 7 millions d'impôts en France », Bfmtv.fr, 6 novembre 2012.

dont les caisses sont vides depuis la crise de 2008, ne supportent plus ces manques à gagner. D'autant que leurs recettes continuent de s'évaporer à mesure que des pans de l'économie entrent dans la grande lessiveuse de l'internet. Une « spirale mortifère pour les pays industrialisés », qui menace la croissance et les emplois, selon Pierre Collin et Nicolas Colin, chargés par le gouvernement de François Hollande d'un rapport sur le sujet[1].

Les multinationales du Net réussissent même à optimiser leurs bénéfices aux Etats-Unis. Les montages complexes d'Apple, qui ne paie pas grand-chose non plus outre-Atlantique, ont suscité l'indignation dans l'opinion publique. Selon le Sénat, la firme américaine a économisé en trente ans des dizaines de milliards de dollars dans le monde. Le sénateur Carl Levin a ainsi résumé la situation : « [Apple] voulait atteindre le Saint Graal : éviter tout paiement[2]. »

En France, tout est mis en œuvre pour obliger les géants du Net à passer à la caisse. Le fisc a infligé des redressements à Microsoft à plusieurs reprises. Sans grand succès jusque-là. En 2012, l'administration a perdu son procès contre l'éditeur de logiciels et a dû lui rembourser 24 millions d'euros. En 2013, l'éditeur écope d'une nouvelle amende de 52,5 millions d'euros, qu'il conteste également. Contre Google, l'administration fiscale semble également impuissante. Au printemps 2015, elle ne lui

1. Rapport sur la fiscalité du secteur numérique 18 janvier 2013.

2. Déclaration faite dans le cadre de la commission d'enquête du Congrès, le 21 mai 2013.

avait toujours pas envoyé la facture qu'elle préparait : une amende de 500 millions à un milliard d'euros, selon les estimations ! Facebook, Yahoo, Linkedin, eBay, PayPal, Apple et Amazon ont également été perquisitionnés par les agents du fisc.

Si les fonctionnaires de l'administration s'arrachent les cheveux, c'est qu'il est difficile d'appréhender des entreprises qui – sur le papier – respectent les lois. Une ligne de défense désormais affaiblie. En 2012, lors d'une audition devant le Parlement britannique, la députée travailliste Margaret Hodge a lancé à Matt Brittin, le patron du Google anglais : « On ne vous accuse pas d'être illégaux, on vous accuse d'être immoraux[1]. »

Les lois de l'ancien monde sont devenues inopérantes. Pas facile pourtant d'en élaborer de nouvelles. En France, ni la droite ni la gauche n'a réussi à trouver un système fiscal efficace face au numérique. Dans leur rapport[2], Nicolas Colin et Pierre Collin avaient proposé une refonte de la fiscalité, pour la baser sur les données personnelles, cet or noir qui fait la richesse des géants du Net. Las, jugée complexe et rejetée par des professionnels craignant des dommages collatéraux pour leur activité, l'idée a immédiatement été enterrée. Depuis, les pouvoirs publics considèrent qu'il faut régler le problème au niveau européen, voire de l'OCDE, très active dans ce domaine. Si légiférer au plan national semble

1. Auditions d'Amazon, de Google et de Starbucks devant le Parlement britannique, le 12 novembre 2012.

2. Rapport cité.

inefficace face aux géants mondiaux, s'entendre à vingt-huit sur les sujets fiscaux n'est pas une mince affaire.

Même quand une législation s'impose, elle est facilement contournée. « Le législateur se fait systématiquement doubler par l'inventivité des acteurs. Et tant que la réglementation sera conçue non pas pour préserver un certain nombre de valeurs, mais comme la protection d'une rente, elle ne résistera pas », explique Bruno Lasserre, président de l'Autorité de la concurrence. Ainsi, dès l'entrée en vigueur de l'interdiction des frais de port gratuits, Amazon a aussitôt abaissé les siens à 1 centime, vidant la nouvelle loi de son sens. Le texte anti-Uber a également eu peu d'effets. Quant aux procédures auprès des Autorités de la concurrence ou de la Commission européenne, on sait d'expérience qu'elles sont longues, coûteuses et deviennent souvent insuffisantes ou obsolètes au moment de leur aboutissement. Sur dix ans, Bruxelles a infligé pour près de 2,2 milliards d'euros d'amendes à Microsoft pour divers motifs (abus de position dominante, non-divulgation d'informations sur Windows...) sans ébranler le colosse.

En définitive, quand l'Etat attaque, les nouveaux empires se contentent de payer. Mais si la grogne devient trop importante, ils parlent de partir sous des cieux plus cléments. Une menace prise très au sérieux par tous les gouvernements, et qui explique la rareté des sanctions.

Mais que vont devenir alors Axa, Accor, Fnac, Casino et autres Renault ? Sans oublier des systèmes éducatifs ou de santé, si les pirates du Gafa et tous leurs mercenaires partent à l'assaut des métiers des plus grandes entreprises et institutions mondiales ? Ils n'ont pas dit leur dernier mot, car la route est encore longue. L'enthousiasme et l'arrogance du néophyte, du rebelle sans passé, persuadé qu'il est en train de changer le monde, n'est pas une armure invincible contre les coups du sort, l'infidélité des consommateurs et les retours de l'histoire. Il est aussi dangereux de défier les Etats. L'historien Fernand Braudel le rappelait : quand elle le veut et que la menace est trop grande, la puissance publique peut facilement « briser les ressorts[1] » du capitalisme.

L'Etat n'est pas le seul à organiser la résistance, les entreprises et les administrations se mettent en ordre de bataille. Avec un mot d'ordre : s'adapter ou mourir.

1. Fernand Braudel, *La Dynamique du capitalisme*, Champs-Flammarion, 1985.

TROISIEME PARTIE

TOUS CONTRE GOOGLE !

10

Les empires tombent aussi

Le 14 mars 1932 au soir, George Eastman, affaibli par la maladie, a réuni quelques amis dans son immense maison de Rochester. Il voulait notamment leur parler de son testament par lequel il léguait l'essentiel de sa fortune à des fondations médicales et à sa ville de Rochester dans l'Etat de New York. Puis les invités sont repartis. Le vieil homme a alors regagné sa chambre, sorti un revolver de la table de nuit, l'a posé sur sa poitrine et s'est tiré une balle en plein cœur. A ses côtés, en évidence, une petite feuille de papier griffonnée de trois lignes :

A mes amis,
mon travail est fait,
pourquoi attendre ?

Il avait soixante-dix-sept ans et avait changé le monde, à sa manière.

Le petit employé de banque de Rochester avait créé en moins de cinquante ans l'une des plus grandes entreprises d'Amérique et l'une des plus célèbres marques au monde : Kodak. Démarrée en 1880 dans un petit local de State Street au cœur de la ville, son aventure l'a conduit en 1930, en pleine récession économique, dans le saint des saints de l'establishment des affaires américain, l'indice Dow Jones, qui rassemble les trente sociétés les plus importantes de la Bourse de Wall Street.

Avec Edison et Henry Ford, George Eastman est l'une des figures les plus emblématiques de l'industrie de la première moitié du XXe siècle. En commercialisant en 1888 le premier appareil photo pourvu d'une pellicule de cent vues, il a inventé la photographie grand public. Tout comme, cent vingt ans plus tard, Steve Jobs, en lançant l'iPhone, donna le départ de l'internet mobile pour tous.

Et pourtant, en finissant ainsi sa vie active et solitaire, l'homme n'a pas eu le temps de voir le meilleur : la pellicule couleur en 1935, le premier appareil compact, l'Instamatic, en 1963, et même le premier appareil numérique en 1975. Rien n'échappe à la firme. En 1976, elle détient 90 % du marché du film aux Etats-Unis et 85 % de celui des appareils photo. Le photographe des Trente Glorieuses, c'est lui. Clic clac, merci Kodak ! Ses usines de Rochester, mais aussi de Chalon-sur-Saône ou de Sevran en France, et la centaine d'autres ailleurs dans le monde tournent à plein régime. En 1988, la société emploie cent quarante-cinq mille personnes et en 1999, au seuil du XXIe siècle, ses seuls bénéfices dépassent les 2,5 milliards de dollars.

Pourtant, treize ans plus tard, le 19 janvier 2012, Kodak se place sous la loi des faillites américaines.

Ses caisses sont vides. Elle n'a plus que des brevets et de vielles photos jaunies à vendre au plus offrant.

Ce phare de la technologie américaine qui dominait le monde est tombé, en une décennie terrible, victime de l'objet qu'elle avait pourtant inventé et dont elle s'était fait l'ardent propagateur : la photo numérique. Comme son fondateur, Kodak s'est suicidé, comme si la firme avait pris conscience que son temps était passé. C'est ce destin tragique qui fait peur à toutes les entreprises du monde entier, celui d'un géant invincible, abattu en une poignée d'années par une rupture technologique majeure.

Etait-ce donc inéluctable ? Au moment même où Kodak entamait son chemin de croix, à l'autre bout de la planète, son seul vrai concurrent mondial, le japonais Fujifilm, donnait le coup d'envoi à une transformation drastique qui allait porter ses fruits. Alors que, en une quinzaine d'années, le chiffre d'affaires de l'américain a fondu de près de 80 % et le nombre de ses employés a été divisé par dix, celui de Fujifilm est resté équivalent. En 2014, le groupe nippon a affiché un revenu de 24 milliards de dollars et il emploie un peu moins de quatre-vingt mille personnes, dix fois plus que le nouveau Kodak qui a émergé de la faillite en 2013 et fait travailler moins de huit mille salariés aujourd'hui.

Pourquoi ? Au fond, Kodak a été victime de son succès, de sa culture, de ses certitudes. Le professeur de management Jim Collins[1] s'est interrogé dans l'un de ses livres sur les raisons pour lesquelles « les

1. Jim Collins, *Ces géants qui s'effondrent*, éd. Pearson, 2010.

géants s'effondrent », qu'il s'agisse d'entreprises, de corporations ou de nations. Il décrit les étapes qui mènent les plus puissants vers la tombe. Elles racontent un enfermement progressif dans l'autosatisfaction du leader qui n'entend plus les signaux extérieurs. Aveugle, il ne réagit que lorsqu'il est trop tard, et de façon désordonnée.

Mais l'hubris du vainqueur n'est qu'une partie de l'explication. La vérité, comme l'explique Clayton Christensen, le grand spécialiste de l'innovation, professeur à Harvard, c'est qu'il ne veut pas sacrifier sa vache à lait, qui lui procure des marges exceptionnelles et donc son train de vie. Kodak vend très peu cher ses appareils et ses pellicules, et se rattrape sur le développement et le tirage des photographies. Ce modèle extraordinaire a été inventé par un certain monsieur Gillette qui vendait ses rasoirs à prix coûtant, pourvu qu'on lui achète les lames de rechange. On appelle cela le modèle « rasor and blade » (rasoir et lame) qui s'est épanoui plus tard dans la vente à petit prix d'imprimantes financée par le prix très élevé des cartouches. Dès lors, comment abandonner un système aussi vertueux qui peut ramener des marges brutes de près de 80 % ? Impossible.

C'est pourquoi, quand l'innovation numérique est arrivée dans sa propre maison en 1976, le groupe a minimisé l'événement et tenté de lui appliquer la même martingale. Les appareils ne sont pas chers mais on va se rattraper sur l'impression photo. Alors que c'est le modèle lui-même qu'il aurait fallu abandonner. Ajoutons à cela un laboratoire de recherche important mais peu écouté de la direction et soumis aux aléas de court terme des commerciaux et l'on obtient le portrait d'une entreprise repliée dans le confort de son donjon quand les assaillants s'approprient les terres alentours. Jamais les gens n'ont autant photographié de toute l'histoire. Mais ils utilisent leur téléphone, impriment peu et les font circuler sur la toile en permanence. Plus de deux cents millions par jour sur Facebook. Résultat, avec ses treize personnes, le site d'échange de photos baptisé Instagram, en référence au fameux Instamatic des années Kodak, a été acheté par Facebook, deux ans seulement après sa création, pour la coquette somme d'un milliard de dollars.

Fujifilm, lui, a osé changer de terrain. Peut-être parce qu'il était plus fragile, puisque challenger de l'américain. Il avait déjà lancé la guerre des prix dans les années quatre-vingt pour forcer son entrée sur le marché américain. Au-delà de son expansion dans le domaine des appareils photo, il s'est développé très tôt dans l'imagerie médicale, les composants électroniques et dans les spécialités chimiques, y compris pour la cosmétique. Oubliant les charmes du modèle « rasor and blade », il est parti à la conquête des pays émergents avec ses nouveaux produits. Comme chez Kodak, la lutte interne fut rude, mais le patron de l'époque, Shigetaka Komori, imposa ses vues dans un pays pourtant réputé conservateur. Exit les rois du film. Ce métier, qui représentait 60 % de ses profits en 2000, compte pour presque zéro aujourd'hui.

L'histoire n'est pas écrite à l'avance, Kodak aurait pu sortir du piège, mais il faut reconnaître que celui-ci était particulièrement meurtrier. Le groupe a échoué, mais il a aussi tenté beaucoup de choses : la diversification vers la chimie, l'installation de kiosques photos, la mise au point d'imprimantes... Il lui a manqué la chance et le bon timing. Les entreprises, comme les hommes, sont mortelles et leur existence dépasse rarement les trois générations. Cent trente ans était finalement un âge respectable pour quitter la scène. Voire pour renaître, puisque le nouveau Kodak est aujourd'hui une entreprise modeste concentrée sur l'activité de la reprographie professionnelle. George Eastman n'a pas démérité mais son temps était révolu. Et combien d'autres ont commis la même erreur ?

Bien sûr, toutes les entreprises et, au-delà, les institutions, ne vont pas disparaître sous les coups de boutoir du numérique. D'autres auraient eu toutes les raisons de s'effacer et ont su rebondir. Universal, le roi du CD, a résisté à la Bérézina musicale, Apple à l'effondrement de son marché originel, les micro-ordinateurs, et Netflix, à l'évaporation de son activité de loueur de DVD par la poste.

Le dinosaure Universal fait de la résistance

Destin singulier que celui d'Universal, le numéro un mondial de la musique. Au sortir de la crise qui a décimé son industrie, il n'a jamais été aussi dominant qu'aujourd'hui et détient un tiers du marché mondial. Le Web a longtemps entretenu le mythe de l'élimination de la maison de disque, cet intermédiaire vorace et inutile. Sur internet, l'artiste rencontrerait enfin directement son public. « On disait que l'on ne servait à rien », s'emporte Pascal Nègre, président d'Universal Music France. L'histoire a prouvé le contraire. L'artiste seul ne peut s'occuper de tout. Il a besoin d'accompagnement pour faire éclore son talent. Il doit avoir recours à des compétences qu'il n'a pas pour organiser ses concerts, se faire connaître, passer à la radio, et amener sa musique au public. Régulièrement, de grands artistes vilipendent les majors, allant jusqu'à en claquer la porte. Pour le chanteur Moby, « signer avec une major, pour 99,9 % des musiciens de la planète, est la pire chose à faire ». Mais ces initiatives sont restées marginales.

Les artistes qui percent sur YouTube comme Arctic Monkeys ou Lana Del Rey n'ont qu'une hâte : rejoindre un label. Une vraie revanche pour les maisons de disque. Même les gentils rebelles de Salut c'est cool, internet jusqu'au bout des ongles, ont fini par signer avec le label Barclay d'Universal. Seule une grosse machine peut choisir de continuer à porter à bout de bras des artistes tels que Alain Bashung ou Vanessa Paradis, même lorsque les ventes ne sont plus toujours au top.

Pour s'en sortir, Universal Music, qui prospérait très largement, comme ses consœurs, de la réédition sans fin des fameuses et inusables compilations des Brel, Dassin, Hallyday, Beatles ou Rolling Stones, est allé là où les géants du Net ne pourraient lui faire concurrence : la production musicale. « En France, le jour où on entre en crise, nous créons le label AZ. Nous avons aussi racheté des labels comme Tréma. La réponse artistique a été fondamentale », explique Pascal Nègre. Fumeur compulsif, faiseur de stars et vedette du petit écran depuis son passage à la *Star Academy*, l'incontournable patron d'Universal Music France n'est pas du genre à s'avouer vaincu. Il exhibe avec fierté l'une de ses pépites, le Belge Stromae dont les disques d'or couvrent les murs de son bureau.

Départs en masse

En revanche, plus question de maintenir des employés à des tâches automatisables. La survie se paye aussi au prix d'une sérieuse cure d'amaigrissement. En quinze ans, Universal est devenu presque deux fois plus petit – les effectifs sont passés de douze mille à sept mille six cents personnes –, et a compensé en partie la baisse des CD par le merchandising, les droits d'édition et les partenariats marketing en tous genres.

L'industrie a repris espoir en 2004 lors de la sortie de l'iTunes. Le juke-box d'Apple s'est mis à commercialiser des chansons à 0,99 euro et des albums à 9,99 euros. Succès immédiat. Enfin, l'internaute, qui se gavait depuis des années de musique piratée, ressort sa Carte bleue. En parallèle, les maisons de disques trouvent dans YouTube une nouvelle machine à populariser des clips et de la musique, comme MTV en son temps. Voilà la plate-forme parfaite pour faire connaître et faire vendre ! Aujourd'hui, l'achat à l'unité inventé par iTunes s'essouffle, mais les services d'abonnements pour une écoute illimitée, comme Spotify ou Deezer, décollent. Une autre manifestation du basculement de la propriété vers l'usage, à l'instar des vidéos de Netflix ou des voitures d'Autolib'...

La musique a été la première industrie avalée par la grande machine du numérique. Elle est loin d'être sortie de la lessiveuse. Même le grand gagnant, Universal, doute de l'avenir. Les recettes du numérique sont encore fragiles, et l'industrie est encore trop dépendante des ventes de CD, au lent et inéluctable déclin. Spotify et Deezer rapportent insuffisamment, les artistes s'en plaignent amèrement, et les maisons de disque doivent repenser leur métier. « Notre problème, maintenant, c'est de pousser l'internaute à écouter notre musique. Ces plates-formes illimitées, c'est comme le restaurant vietnamien où, perdu devant la richesse de la carte, vous finissez toujours par prendre des rouleaux de printemps et un poulet à la citronnelle. Trop de choix tue le choix ! », conclut le P-DG qui y voit l'opportunité de reprendre la main en guidant le choix du consommateur.

Une chose est sûre, ceux qui ne bougent pas, ne se remettent pas en question, risquent fort de rejoindre Kodak et le cimetière des éléphants du XXe siècle, trop lourds pour affronter les séismes du XXIe. Les jeunes ont parfois des leçons de management à donner aux vieux !

11

Cap sur le numérique

Une (petite) révolution arrive dans les hôtels Accor : le numérique facilitera bientôt la vie des femmes de chambre. Equipées d'un « chariot connecté », ces dernières sauront en temps réel si la chambre est libre ou occupée, s'il faut changer une ampoule, s'il y a une fuite d'eau ou si le radiateur est en panne. Un gain de temps d'au moins cinq minutes sur les quinze à vingt minutes de ménage que demande une chambre.

Cette innovation, le groupe hôtelier en est très fier. Ses dirigeants n'ont pas hésité à en faire la publicité partout dans les journaux avant même d'avoir procédé aux premiers tests. Pourtant, ce chariot connecté n'est pas né dans les bureaux d'Accor. Il a été imaginé en un temps record par des étudiants réunis au sein de l'« Innovation Factory », une de ces usines à idées qui foisonnent à Paris. Un espace où se côtoient entrepreneurs, étudiants, laboratoires et entreprises traditionnelles.

Pour répondre aux besoins d'industries en mal d'inspiration, l'Innovation Factory organise des

« week-ends challenge », où elle fait plancher des étudiants, à la fois issus de l'école internet maison, la Web School Factory, mais aussi d'autres écoles alentours. L'entreprise choisit un thème sur lequel elle souhaiterait innover. Les étudiants, briefés le jeudi soir, ont trente-six heures pour présenter un projet ficelé le samedi matin. Un véritable marathon qui leur demande de bûcher toute la nuit de vendredi à samedi. Accor, qui fait partie des trois principaux pourvoyeurs de fonds de l'Innovation Factory, avait choisi le thème de la mobilité. Et c'est Sébastien Bazin en personne, le patron du groupe, ainsi qu'une partie de son comité de direction, qui a sélectionné, parmi la quinzaine de projets présentés, le fameux chariot connecté.

Que mille incubateurs fleurissent

Un sentiment d'urgence plane au-dessus de ces initiatives. Tous les cadors de l'économie traditionnelle savent que pour survivre à l'heure des géants de la Silicon Valley, ils doivent inventer les services de demain. Mais malgré la création de directions numériques, le rachat de nombreuses start-up, ils n'y arrivent pas. Les « monsieur numérique » sont restés dans leur coin, sans pouvoir véritablement changer les choses. Et les start-up sont souvent mortes sitôt rachetées, étouffées par l'organisation de leur nouveau propriétaire. Pour basculer dans une nouvelle ère, les entreprises de l'ancien monde tentent donc de nouvelles approches. « Elles ont compris qu'elles devaient changer leur terreau pour faire prendre les greffes », explique Marie-Vorgan Le Barzic, directrice du Numa, une autre « usine à start-up » parisienne.

Les grands groupes vont à l'extérieur puiser l'inspiration. Ils draguent les étudiants, organisent des concours de développeurs, financent des lieux tels que l'Innovation Factory ou le Numa, qui poussent comme des champignons dans la capitale. « Trente-six incubateurs, trois mille start-up » proclame fièrement la Mairie de Paris sur son site mystart-up.paris.fr. Sur l'ensemble de la région, la carte interactive du même site pointe une cinquantaine de ces pouponnières. Un activisme qui propulse Paris aux côtés de Londres ou Berlin dans l'hébergement de ces jeunes pousses.

Beaucoup de grandes entreprises envoient leurs cadres étudier à la loupe le fonctionnement des start-up, dont ils rêvent de s'inspirer, comme s'ils cherchaient à retrouver leur jeunesse perdue. Bouygues Telecom a installé certains salariés des départements marketing ou de l'innovation à résidence dans les locaux de l'Innovation Factory. L'idée : les changer d'environnement, leur faire humer les tendances et leur permettre de confronter leurs idées avec les étudiants autour de la machine à café. Accessoirement, essayer de comprendre ce qui leur manque au quotidien : de l'audace.

De son côté, la SNCF compte sur les contributions extérieures pour trouver des applications à ses milliards de données voyageurs. C'est à l'issue d'un « hackaton », un concours de développeurs informatiques, qu'est née Tranquilien, une application accessible sur son smartphone qui permet de connaître en temps réel le taux de remplissage des trains et de savoir à quelle heure quitter son bureau pour voyager le plus confortablement possible. Le créateur de l'application s'appelle Rand Hindi, et a fondé sa start-up Snips. A vingt-neuf ans, ce jeune Français au look californien est déjà un vétéran. Il a créé sa première start-up à quatorze ans, entamé un doctorat de bio-informatique à vingt et un et a été élu en 2014 meilleur innovateur français par la *MIT Technology Review*, la revue du célèbre institut de recherche du Massachusetts. « Quasiment rien dans notre vie citadine ne fonctionne comme on l'espère, explique-t-il au site 01Business. Nous voulons nous servir de la science pour répondre à des problèmes quotidiens. Dans dix ans, quand le monde sera ultra-connecté – des montres aux tables –, ces objets devront comprendre ce que nous voulons. » C'est cet optimisme primordial et cette vision que viennent chercher les entreprises en quête de jouvence, comme la SNCF.

La compagnie ferroviaire a parrainé un « Data shaker », un concours d'expérimentations organisé par le Numa. Les participants avaient six mois pour imaginer et présenter des services aboutis autour du voyageur. Parmi les six projets sélectionnés en mai 2014, Raildar, développé par un hacker, propose une cartographie des trains circulant en temps réel, mentionnant leur éventuel retard. Venu assister à la présentation, son P-DG, Guillaume Pepy, aurait soufflé à son bras droit : « Ce n'est pas le truc que l'on essaie de faire depuis deux ans ? »

Master class

Pour les grandes entreprises, qui vont frapper à la porte du Numa, l'innovation n'est que la partie émergée de l'iceberg. « Elles formulent en général des demandes à côté de la plaque. Elles disent "je veux telle application", alors qu'elles ont des problèmes de cloisonnement, et qu'elles n'arrivent plus à recruter des jeunes à fort potentiel. Elles doivent modifier leur organisation, afin d'être plus opportunistes et moins dans la programmation », explique sa directrice.

Les grandes entreprises vont donc chercher hors de leurs murs les recettes pour évoluer de l'intérieur, de façon à être en phase avec un monde où l'innovation va vite et où les règles du jeu changent tous les six mois. Et dans ce nouveau monde, remettre à plat l'organisation ne suffit pas, il faut aussi faire évoluer les mentalités. Marie-Vorgan Le Barzic leur propose de pratiquer une nouvelle version de l'entrisme. « On leur dit d'identifier en interne des salariés poreux avec l'extérieur », explique la directrice du Numa. Ce sont ces salariés qui viendront travailler sur des projets organisés par l'incubateur. « Une fois qu'ils ont intégré ailleurs des méthodes de travail agiles, ils retournent en interne contaminer l'organisation. Il s'agit de créer des ponts-levis pour faire tomber les forteresses. » Et de l'agilité, les entreprises, d'où qu'elles viennent, vont en avoir besoin pour partir à la recherche d'un consommateur toujours plus volage et insaisissable. La chasse est ouverte.

12

La chasse au zappeur

Stéphane Singier y allait en culottes courtes, et en famille. « J'ai connu la Fnac quand elle était encore dans un appartement, boulevard Sébastopol. A l'époque, il s'y vendait de la petite électronique de loisirs. Quand j'étais petit et qu'on allait remplacer une télé, cela pouvait durer des mois. Toute la famille regardait le guide Fnac », se souvient le quinquagénaire, qui fait partie des rares clients à savoir que Fnac signifie Fédération nationale pour l'achat des cadres.

Quatre décennies plus tard, ce cadre de l'économie numérique continue d'arpenter les rayons de l'enseigne. Une espèce de plus en plus rare. Beaucoup n'en voient plus l'intérêt. « En 1992, j'avais pris la carte pour bénéficier des 5 % de réduction quand je me suis payé un appareil photo. Après j'y passais de temps à autre. Depuis bien longtemps, c'est quasiment fini. On trouve tout sur internet, donc pourquoi se bouger, prendre le métro ou sa voiture, sans qu'il n'y ait aucune plus-value », se demande Julien, un quadragénaire de l'armée.

Pourtant, avant tout le monde, la Fnac inventa le magasin du XXIe siècle : un lieu où l'on se balade, un lieu d'échange, où l'on découvre les nouveaux objets high-tech à la mode. Le conseil fit les beaux jours de l'enseigne dès les années soixante – soixante-dix. Le cofondateur, André Essel, un ancien trotskiste désireux de réinventer le commerce, ne recrutait que des profils atypiques. Du vendeur au caissier en passant par le magasinier, chaque employé devait être amateur d'art, qu'il s'agisse de littérature, de musique ou de photographie. Aux nombreux étudiants venus financer leurs études, s'ajoutaient des prêtres-ouvriers, des militants politiques, ou d'anciens scouts, comme le raconte Vincent Chabault, dans *La Fnac, entre commerce et culture*[1]. Pour survivre au nouveau siècle, la Fnac devra donc remettre au goût du jour la formule qui fit son succès.

Les clients ne fuient pas que la Fnac. Dans les centres-villes, c'est l'hécatombe : les magasins ferment les uns après les autres. De l'agence bancaire à la boutique télécom, en passant par le supermarché, tout le monde est touché. Les boutiques, petites et grandes, ne sont pas les seules à voir fuir le chaland. Les sites d'e-commerce aussi. Un iPhone dans la main, une tablette dans l'autre et un écran d'ordinateur pas loin, l'internaute-mobinaute est devenu cet être infidèle, plus opportuniste et informé que jamais, multipliant les allers-retours entre magasins physiques et virtuels, allant au plus offrant. Un mercenaire du shopping.

1. PUF, 2010.

Après des décennies passées sous le joug d'industriels aux méthodes marketing élaborées, le consommateur, grâce au numérique, a repris le pouvoir. En 2014, huit Français sur dix avaient accès à internet, presque un sur deux avait un smartphone et un sur quatre possédait une tablette. Et si seulement moins de 10 % du commerce de détail a déjà basculé en ligne, selon le cabinet Oliver Wyman, on devrait atteindre les 23 % en 2016 au Royaume-Uni, pays le plus « digitalisé » au monde. Un quart de tout le commerce réalisé en ligne ! Soit tout de même 12 % du produit intérieur brut (PIB) de la Grande-Bretagne.

Dans le commerce, c'est la panique. Avec un consommateur connecté en permanence, les occasions de séduire le client, mais aussi de le perdre, se sont démultipliées. L'heure est au zapping. Comme dans les journaux par exemple, où le lecteur picore sur les réseaux sociaux l'article qui l'intéresse, délaissant le reste. Comment lui vendre un journal, quand il préfère ne lire que quelques articles ? Comment le retenir sur une chaîne de télé, quand il peut sauter d'une vidéo à l'autre sur YouTube ? Comment l'attirer chez soi, quand la concurrence se trouve à un clic ?

Fidèle, fidèle…

Une véritable guerre a commencé pour retenir le zappeur du XXIe siècle. La grande idée du moment, c'est de dépoussiérer les programmes de fidélisation, une technique aussi vieille que le marketing. La Fnac, qui a vu le jour en 1954, s'est elle-même développée sur le concept d'adhérent. Ses fondateurs, André Essel et Max Théret, achetaient en gros des articles de loisirs (appareils photo, disques, électroménager...) qu'ils revendaient à petits prix à leurs membres. Soixante ans plus tard, les détenteurs de la carte Fnac – ils sont plus de cinq millions – bénéficient toujours de remises en magasins, de spectacles à prix cassés et sont invités à des ventes privées. Il y a cinq ans, la Fnac a décidé de passer à la vitesse supérieure. Elle a lancé une carte VIP destinée à ses meilleurs clients. « C'est la carte Infinite de la Fnac », lance Sébastien, cadre dans la banque à La Défense, en brandissant une carte noire, où One est inscrit en lettres argent, comme sur la fameuse carte de crédit réservée aux plus fortunés. « Il y a plein d'avantages, comme une queue spéciale aux caisses, et les livraisons gratuites. » Un service proposé aussi aux autres adhérents, mais contre un abonnement annuel de 39 euros.

La fidélisation, voilà qui fait également rêver les hôtels Accor, bousculés sur leurs bases par les plates-formes de réservation en ligne, Expedia, Booking.com ou Hotels.com. Venues s'interposer entre le groupe et le client final, elles prélèvent au passage une juteuse commission. Chaque année, le quatrième groupe hôtelier mondial leur verse 100 millions d'euros. Pas moyen de s'en débarrasser facilement. Ces géants du Net aux poches pleines dépensent des milliards de dollars de publicité pour apparaître en bonne place dans Google. Quel que soit le mot-clé relatif au tourisme entré par l'internaute, ils trustent les plus beaux espaces dans le moteur de recherche. C'est ce que Vivek Badrinath, le nouveau patron du numérique d'Accor, débauché à prix d'or de Orange, appelle le « mur du clic ». Infranchissable pour les poches peu profondes.

Pour réduire leur emprise et renouer avec ses hôtes, Sébastien Bazin, le patron du groupe, compte sur ses fameuses cartes de fidélité, qui offrent une panoplie de services au consommateur : une meilleure chambre, la possibilité de rester plus tard, etc. La recette marche très bien chez les Américains comme Starwood ou Hyatt, qui en tirent la moitié de leur chiffre d'affaires. De quoi faire rêver Accor qui, malgré seize millions de fidèles, n'en tire que 25 % de revenus. Mais la partie n'est pas gagnée. Sur sa route, le groupe hôtelier retrouve les géants du tourisme en ligne. Tous se sont mis à fidéliser les clients. Hotels.com offre une nuit gratuite au bout de dix réservations et Booking.com propose des réductions de 10 % aux clients les plus assidus. Une offensive qui hérisse les hôteliers : les vampires du Net proposent des réductions sur des chambres qui ne leur appartiennent même pas !

Pour les prendre à leur propre piège, Accor, qui a annoncé un investissement de 225 millions d'euros dans le numérique, marche dans leurs pas. Action la plus marquante, le groupe a ouvert sa plateforme de réservation en ligne, Accorhotels.com, sur laquelle il loue ses chambres aux hôteliers indépendants, autrement dit à ses propres concurrents ! Décision « très profonde », selon Sébastien Bazin, devenue inéluctable pour barrer la route aux ogres du Net.

Le rêve de l'abonnement

L'aboutissement de la fidélisation, sa logique ultime, c'est d'amener le client vers l'abonnement illimité, qui garantit des recettes récurrentes. Le modèle, qui fit la fortune de la presse, est revenu en force dans le numérique. C'est le fameux âge de l'accès, prophétisé en 2005 par Jeremy Rifkin où le bien se transforme en service, les vendeurs en prestataires et les acheteurs en usagers. Et ce sont à nouveau les acteurs du Net qui mènent la danse. Dans la musique, les plates-formes Spotify et Deezer connaissent un succès exponentiel. 10 euros par mois pour toute la musique du monde ! Dans le cinéma, Netflix s'est imposé comme le vidéoclub du XXIe siècle. Même Amazon propose à ses clients de s'abonner à l'envoi de produits de grande consommation, comme les couches pour bébé, avec de sérieuses promotions. Nec plus ultra, grâce à leurs puissants algorithmes d'analyses de données, ces plates-formes suggèrent les produits, les films, les musiques, en accord avec les goûts du consommateur, ce qui les rend très addictives. Près de deux tiers des films visionnés sur Netflix le sont grâce aux recommandations personnalisées que le site propose à ses clients.

A côté, les cartes en plastique de la Fnac ou d'Accor font pâle figure.

Pour survivre, le commerce traditionnel a donc compris qu'il devait faire du magasin un atout. Car rien ne vaut un point de vente physique pour convaincre le consommateur.

Persuadé qu'il est vain de vouloir concurrencer Amazon sur le Web, Alexandre Bompard, le patron de la Fnac, mise sur ses points de vente. L'objectif : être présent à tous les points de passage du client en virtuel et en réel. Lancé en 1999, Fnac.com se situe à la troisième place des sites d'e-commerce en France, derrière Amazon et Cdiscount. Mais jusque-là, site Web et chaîne de magasin vivaient indépendamment l'un de l'autre, voire se faisaient concurrence. A son arrivée, Alexandre Bompard tente de briser les murs qui isolent ces deux activités en faisant de Fnac.com un outil au service des vendeurs. Lorsqu'une enseigne ne dispose pas du produit, le vendeur peut le commander sur Fnac.com et le faire livrer chez le client. Une révolution copernicienne qui a du mal à passer. Beaucoup de vendeurs sont encore persuadés qu'en passant des commandes sur Fnac.com, ils travaillent contre les magasins, et donc contre leur emploi. Et c'est ce qui explique que les magasins virtuels sans intermédiaires, du type Amazon, ne cessent de grignoter des parts de marché.

Comment convaincre le consommateur de revenir en boutique ? Là encore, c'est un géant américain, Apple, qui montre l'exemple. Dans ses magasins hyper-design situés dans les quartiers chics des grandes villes, des vendeurs branchés et serviables conseillent et facilitent la vie du client, venu tester les produits. Tout a beau être disponible sur le Web, les boutiques ne désemplissent pas.

Même Google, qui vend de plus en plus de produits (lunettes, tablettes, PC...), s'y est mis. Le moteur de recherche a ouvert aux Etats-Unis, fin 2013, cinq Winter Wonderlab, des boutiques éphémères en forme d'igloo entourées de sapins en carton et de stalagmites colorées. L'internaute était invité à venir tester sa dernière tablette, la Nexus 7, ses PC portables, les Chromebook, et sa Chromecast, une clé qui connecte le téléviseur à internet. En revanche, impossible d'acheter. Le consommateur devait aller... sur internet. En mai 2013, le site d'enchères en ligne eBay ouvrait lui aussi son point de vente éphémère à New York.

La Fnac elle-même rénove ses magasins. Inauguré en 2012, le magasin de Bercy Village, dans le XIIe arrondissement, est censé illustrer l'avenir de l'enseigne, avec, en plus de ses rayons traditionnels, un espace enfants, des cafetières et des grille-pain design, de la papeterie de marque... On est encore loin du showroom façon Apple ou Google. Et l'expérience déconcerte ses clients fidèles. « Ce sont des produits pour jeunes bobos. Ça les fait ressembler à Darty », dit Sébastien, qui se balade deux fois par semaine à la Fnac de La Défense à l'heure du déjeuner. Fidèle d'entre les fidèles, il n'achète jamais sur Amazon, mais préférerait un service client irréprochable. « Il y a encore des mecs passionnés comme au rayon livres ou photo. Mais parfois, tu vas demander un truc, t'as l'impression de déranger. Si le service n'est pas nickel, ça va être compliqué pour eux de durer dix ans », lance Sébastien. Là aussi, la route est longue.

L'alerte est d'autant plus sérieuse que la révolution numérique pénètre progressivement au cœur du système productif mondial.

13

Les imprimantes, à l'usine !

Elle a pris son air un peu lourd et emprunté, la chancelière Angela Merkel, quand la petite Hollandaise est venue lui offrir une tulipe. Il faut dire que la jeune fille, sous ses nattes blondes et sa coiffe traditionnelle, avait une drôle d'allure : une tête toute plate en forme de console de jeu vidéo, une pince pour tenir la tulipe, des vérins d'acier en guise de bras et des roulettes pour se déplacer. Les robots sont maintenant chez eux à la foire de Hanovre, la plus prestigieuse manifestation mondiale en matière de machines et d'industrie. Le domaine d'excellence de l'Allemagne où sa réputation est sans rival. Mais aujourd'hui, ces chères usines qui font la gloire du pays sont sur le qui-vive : l'industrie 4.0 est à nos portes et le deuxième exportateur mondial après la Chine n'entend pas se laisser distancer sur son terrain de prédilection.

Le numérique, les robots… l'industrie connaît ça depuis longtemps. Depuis les années quatre-vingt, des automates soudent des voitures, d'autres les peignent et le tout est géré par informatique. Pourtant, à en croire les grands patrons allemands, nous sommes à l'aube d'un bouleversement profond, porteur d'autant de menaces que d'opportunités pour leur chère industrie. C'est le cabinet de conseil germanique, Roland Berger, qui a le mieux résumé la situation : les entreprises en place vont devoir muer en profondeur, assure-t-il, et elles devront faire face à l'arrivée de nouveaux concurrents qui changeront les règles du jeu.

Un bijou sur mesure

Le français Gemmyo est un bon exemple des évolutions auxquelles l'industrie devra faire face. Cette start-up a été créée en 2011 par deux grosses têtes, Charif, ingénieur de l'Ecole centrale et diplômé de Harvard, et Pauline, passée par l'Ecole normale et HEC. Le joli petit couple raconte sa frustration devant les enseignes traditionnelles des bijoutiers, si chers et offrant peu de choix pour leurs moyens de jeunes mariés (c'est la légende qu'ils entretiennent sur leur site internet). Alors ils décident de créer une maison de bijoux sur mesure, sans magasin. Tout sur le Net.

Leur secret ? Les modèles présentés n'existent pas, ce sont des images informatiques en trois dimensions. On peut personnaliser sa bague en ajoutant le motif de son choix, la pierre que l'on aime. A la commande, une des trois imprimantes 3D fabrique le moule de précision (plus précis qu'à la main, assurent-ils). Le tout est envoyé à un artisan pour fondre la pièce et sertir la pierre. Résultat : une livraison en moins de trois semaines et un prix inférieur de 30 à 40 % pour un bijou sur mesure. Tout cela sans stock, éliminant d'un coup le casse-tête traditionnel des joailliers, qui doivent souvent gérer un inventaire d'une valeur inestimable. Toute jeune, Gemmyo doit encore faire ses preuves sur une route semée d'embûches. Mais elle montre la voie... et la menace qui peut fondre d'un coup sur un métier qui ne voit pas arriver le train du numérique.

Imprimer sa maison

Une partie de la recette de Gemmyo réside donc dans ces mystérieuses imprimantes 3D, de plus en plus utilisées en joaillerie. Au lieu de projeter de l'encre sur du papier, elles appliquent en couches successives un matériau qui durcit (en général à l'aide d'un laser) et forme l'objet désiré. Les premiers modèles datent des années quatre-vingt et étaient utilisés pour fabriquer des prototypes rudimentaires en plastique. Aujourd'hui, touchés par la grâce de l'électronique et des nouveaux matériaux, leurs performances explosent et les prix s'effondrent. Les premiers modèles descendent sous les 1 000 euros, pour un usage domestique et ludique, quand d'autres, immenses, peuvent littéralement imprimer des maisons entières.

Comment ? Grâce à des inventions comme celle de cet ingénieur de l'université de Caroline du Sud, Behrokh Khoshnevis. Sa machine, la « Contour Crafting », encore à l'état de démonstration[1], est composée d'un immense portique circulant sur deux rails posés de part et d'autre du chantier. La buse crache du béton à prise rapide, formant les parois et les remplissant en même temps de mortier. Elle peut construire une maison de 230 mètres carrés sur deux niveaux en vingt-quatre heures. Mais attention, elle ne pose pas encore les portes et fenêtres. Qui a dit que le numérique, et notamment sa déclinaison robotique, ne risquait pas de menacer des métiers aussi éloignés que celui de maçon ? Il suffit de changer le logiciel de l'imprimante, même à distance, pour modifier totalement l'allure de la maison, ajouter une pièce, un étage…

Les imprimantes peuvent aussi imprimer en polymères, en céramique, en métal et même un jour des tissus biologiques, comme la peau. Selon les analystes, leur marché pourrait doubler d'ici 2015 pour passer à 4 milliards de dollars et atteindre les 10 milliards en 2020. Mais les imprimantes 3D sont porteuses de mouvements bien plus profonds, avec la mise au point de nouveaux modèles économiques, comme on vient de le voir avec Gemmyo. Le cabinet McKinsey évalue leur impact total à 550 milliards de dollars en 2025.

Assez naturellement, les premiers industriels à avoir réagi sont les fabricants de produits très personnalisés qui ne peuvent pas être fabriqués en

1. http://www.lemoniteur.fr/183-recherche-developpement/article/actualite/24885716-l-imprimante-3d-passe-au-beton-a-prise-rapide

série en Chine ou ailleurs. C'est le cas des producteurs de prothèses dentaires ou auditives. Siemens, grand fabricant mondial d'implants auditifs, a mis au point une machine qui permet de scanner en trois dimensions l'intérieur de l'oreille d'un patient. Le praticien qui a fait l'examen envoie ensuite le scan par e-mail directement à l'usine Siemens dont les imprimantes 3D à laser fabriquent l'appareil sur mesure. La société allemande Envision affirme que ses machines sont désormais capables de fabriquer 65 appareils auditifs en moins de quatre-vingt-dix minutes. Selon un expert cité par le magazine *Industrie & technologies*[1], il y aurait déjà plus de dix millions de prothèses auditives imprimées dans le monde. Même chose pour les bridges, couronnes et gouttières dentaires produits désormais par millions avec cette technologie. L'étape suivante pourrait être la décentralisation des imprimantes dans des petites unités plus proches des clients. Chérie, j'ai rétréci l'usine !

Trop pointu ? Des géants comme General Electric (GE) ou Rolls Royce commencent à se convertir à cette technologie pour produire des pièces de réacteurs, ce qui permet un travail plus précis et moins de gaspillage de matière par rapport à l'usinage d'une pièce à partir d'un gros bloc de métal. GE prévoit qu'en 2020 près de la moitié de ses pièces pourraient être fabriquées à partir d'imprimantes 3D. Le potentiel est tellement spectaculaire que le président

1. *Industrie & technologies,* 3 juin 2014 : www.industrie-techno.com/impression-3d-le-defi-des-grandes-series.30139

des Etats-Unis, Barack Obama, a lui-même lancé un grand programme consacré au développement de l'impression 3D. Même la Nasa s'intéresse à cette technologie pour produire, entre autres, des imprimantes… à pizzas, destinées à nourrir les astronautes durant leurs voyages interstellaires !

Industrie 4.0

Mais la folie actuelle en faveur des imprimantes 3D, qui se traduit par une envolée des valorisations boursières des spécialistes – Stratasys, le leader mondial, vaut plus de 5 milliards de dollars sur le marché alors que la société perd toujours de l'argent – est l'arbre qui cache la forêt. Les espoirs que l'on place en elles ne se concrétiseront pas tous. Beaucoup de matériaux mous, comme les textiles, résisteront longtemps à ses charmes et les temps de fabrication, parfois plusieurs heures, limitent sérieusement ses applications à des matériaux de pointe. L'ère du sur-mesure n'est pas encore pour demain. Mais la révision de notre façon de produire, et donc des lieux de production que sont les usines, est en marche. Un mouvement qui pourrait mettre fin à la course à la concentration entamée dès la fin du XVIIIe siècle avec l'apparition des premières machines à filer mues par des moteurs à vapeur.

C'est pourquoi les industriels allemands, à l'origine de l'initiative Industrie 4.0 sponsorisée par la placide Angela Merkel, visent bien plus loin. Pour eux, l'usine numérique, qui va succéder aux trois générations technologiques précédentes – la vapeur, l'électricité et l'électronique – n'existe pas encore et ne se limite pas à un seul outil. Elle consiste à connecter toutes les machines entre elles, ainsi que les produits qu'elles fabriquent et à utiliser les possibilités infinies permises par l'analyse des masses de données, les Big Data, stockées dans les millions d'ordinateurs qui constituent le Cloud Computing. Pour les analystes du cabinet Roland Berger, cette mise en connexion de tous les objets physiques de l'usine, y compris les hommes, va provoquer une vague identique à celle de la combinaison entre internet, le mobile et les réseaux sociaux. De quoi changer les règles du jeu. Les consultants en voient quatre majeures.

Tout d'abord la personnalisation de masse. C'est-à-dire, comme on l'a vu avec l'imprimante 3D, la possibilité de produire du sur-mesure à grande échelle et en même temps de décentraliser la fabrication sur les lieux de consommation afin de raccourcir les cycles de mises sur le marché. « Comme pour l'informatique, on pourra lancer un produit, analyser très vite la réaction du consommateur et l'améliorer instantanément pour qu'il corresponde mieux aux attentes », se prend à rêver l'entrepreneur français Eric Carreel. Ce grand gaillard taillé à coups de serpe est une vedette dans le milieu de la high-tech française. Inventeur de la première Livebox d'Orange, il a créé plusieurs entreprises dans les objets connectés, les télécoms et l'impression 3D, avec sa société Sculpteo, l'un des premiers acteurs en France dans ce domaine.

Ensuite, vient la mise en réseau de la production autour de pôles qui réuniront des entreprises de toutes tailles collaborant autour d'un même produit. Un peu comme cela se fait déjà dans l'industrie aéronautique pour la conception et la fabrication d'un avion.

Troisième règle de l'usine du futur, la fragmentation de la chaîne de la valeur avec l'apparition d'une myriade de nouveaux acteurs attirés par un accès soudain plus facile à l'activité industrielle. On a déjà connu ce phénomène dans la vente par internet, entraînant une réduction des intermédiaires et des coûts de stockage et de logistique, à l'image des bijoux « virtuels » de Gemmyo. Une réécriture de la carte productive qui s'était déjà produite dans les années quatre-vingt-dix – deux mille avec la mondialisation qui avait consacré la Chine en atelier du monde. La conception aux Etats-Unis ou en Europe, la fabrication dans les usines géantes de Canton ou Shanghai. Cette fois, la dissémination sera plus grande encore : le critère du coût de main-d'œuvre importera moins que la proximité du lieu de consommation. De plus en plus, on produit en Chine pour vendre aux Chinois.

Enfin, cette numérisation totale de l'industrie va brouiller un peu plus encore la frontière entre le producteur et le vendeur, entre l'industrie et le service. Déjà les constructeurs automobiles réfléchissent à des modes de location de leurs véhicules, voire à des systèmes complets du type Autolib'. A l'inverse, de grands acteurs du service s'invitent dans l'industrie, dans la foulée de pionniers comme Zara, Ikea ou Decathlon, à la fois commerçants et fabricants. Mais le champion toutes catégories est bien sûr Apple, aussi redoutable concepteur, producteur et logisticien que marchand. Celui-là est à tous les bouts de la chaîne, ce qui ne l'empêche pas de sous-traiter massivement certaines tâches, comme l'assemblage de ses téléphones ou de ses ordinateurs. Ses rivaux numériques tentent de reproduire la recette. Facebook a essayé de vendre des téléphones et veut concevoir des drones pour se lancer dans l'accès internet, tandis que Google, qui vend des ordinateurs et des smartphones à ses couleurs (Chromebook, Nexus, etc.) s'intéresse... à tout, de l'automobile à la pharmacie.

Après l'âge des grandes manufactures, puis des conglomérats, était apparu celui des spécialistes, bien meilleurs car focalisés sur un produit et un bout de la chaîne. L'industrie 4.0 rebat à nouveau les cartes. Et à ce jeu, les géants de l'industrie allemande, japonaise ou américaine, sentant poindre le danger, tentent de prendre de l'avance sur les as du numérique dont la production n'est pas la spécialité. Mais il faut faire vite car la menace se rapproche. Apple ressort de ses cartons ses rêves d'usines entièrement robotisées. A la grande frayeur de son sous-traitant chinois, Foxconn, qui a entrepris d'installer jusqu'à un million de robots dans ses unités de fabrication.

Distancés sur le plan commercial, sur celui du produit et de la production, les assiégés ont une dernière arme, celle que l'on sort quand les autres ne suffisent pas : jouer la montre en brandissant le code civil et faire monter au front des armées d'avocats… C'est souvent sur le terrain du droit que se gagnent ou se perdent les grandes batailles économiques.

14

Le rempart de la réglementation

En cette mi-juillet pluvieuse de 2014, de grosses berlines sont garées devant l'Assemblée nationale. Au milieu de la place du Palais-Bourbon, une poignée de chauffeurs tirés à quatre épingles discute à bâtons rompus. Une nouvelle fois, les taxis sont venus faire entendre leur voix alors qu'est présentée devant le Parlement la proposition de loi déposée par le député PS Thomas Thévenoud.

Depuis des mois, la profession mène un intense lobbying auprès du gouvernement pour barrer la route d'Uber et de Chauffeur-privé, les deux plus grosses sociétés concurrentes des taxis. Un bras de fer émaillé de grèves à répétition, bloquant Paris et la province, où des chauffeurs en colère en viennent aux mains avec les VTC. Pour calmer le jeu, la ministre du Tourisme de l'époque, Sylvia Pinel, signe en décembre 2013 un premier décret obligeant les VTC à respecter un délai de quinze minutes entre la réservation et la prise en charge de passagers. Une façon de donner une longueur d'avance aux taxis sur ces nouveaux venus. Le gouvernement sait que le texte, de nature à créer des « distorsions de concurrence », passera difficilement. D'ailleurs, quelques semaines plus tard, le Conseil d'Etat l'invalide. Début 2014, les grèves reprennent de plus belle. Le gouvernement vole à nouveau au secours des taxis et gèle en urgence les nouvelles immatriculations de VTC. C'est là qu'intervient le fameux Thomas Thévenoud, chargé de faire des propositions de réforme pour endiguer le conflit.

Mission accomplie en septembre 2014 pour le député PS. Les taxis sabrent le champagne. Le 18 septembre, le législateur interdit la « maraude électronique », le système qui permet de localiser en direct sur son smartphone les VTC autour de soi et de les commander instantanément. C'est lui qui est à l'origine de la fortune d'Uber. L'expression fait référence à la « maraude » des taxis, qui leur permet de prendre en charge n'importe quel client qui les hèle dans la rue. Avec cette interdiction, la profession espère ralentir la course folle d'Uber. Le répit est de courte durée. L'américain rend coup pour coup et dénonce la loi devant la Commission européenne.

En parallèle de leur lobbying auprès des députés, les taxis ferraillent aussi sur le terrain judiciaire. En août 2014, Uber est contraint de modifier son système de facturation, passant du système kilométrique, réservé aux taxis, au forfait. Fin 2014, taxis et VTC s'allient contre UberPop, une invention du Californien qui permet à n'importe qui de jouer au taxi et d'être localisé sur le logiciel d'Uber. Une prestation présentée un peu abusivement comme du covoiturage à la façon Blablacar. Sauf qu'ici, pas de partage des frais mais une activité professionnelle à des tarifs imbattables qui fait évidemment hurler les « vrais » professionnels, dûment formés et enregistrés. Et cette fois, Uber s'est même mis à dos ses anciens alliés VTC. Comment se faire des ennemis partout. Mais l'américain s'en fiche, il a désormais des milliards de dollars dans ses coffres et peut se payer tous les avocats du monde pour mener sa croisade.

Ainsi, lors de son dernier procès à Paris contre les véhicules de tourisme avec chauffeur (VTC), Uber a débarqué, encadré de quatre avocats du célèbre cabinet d'affaires Bredin-Prat, et s'est offert les services des conseils en communication de DGM, spécialistes des grands P-DG du Cac 40… Une broutille pour le géant qui lève des millions de dollars et embauche à tour de bras.

Les gouvernements au charbon

Les transports ne sont pas les seuls à jouer la carte politique et juridique contre les envahisseurs du Net. Dans tous les secteurs, les industriels affûtent leurs armes. L'Union des métiers et des industries de l'hôtellerie (UMIH) a déposé plainte auprès de l'Autorité de la concurrence contre les plates-formes de réservation en ligne, dont elles jugent les clauses contractuelles déséquilibrées. Elle a été suivie par huit autres pays en Europe, parmi lesquels l'Allemagne, l'Autriche, l'Italie et le Royaume-Uni.

Depuis des années, libraires, marchands, journaux, ayants droit en tous genres bataillent ferme contre Amazon et Google. A des géants du Net que rien n'arrête, qui dévorent petit à petit les bénéfices de leurs victimes, la « vieille économie » dégaine à fond l'arme du lobbying, qu'elle sait particulièrement bien manier. Depuis longtemps, les P-DG du Cac 40 voyagent dans les avions présidentiels, dînent avec les ministres. Leurs directeurs juridiques font le siège des administrations publiques et des parlementaires. Les syndicats descendent dans la rue. Des réseaux tissés de longue date et entretenus avec soin qui montrent leur efficacité. Dès 2010, Nicolas Sarkozy, sensible aux arguments des entreprises françaises, monte au créneau contre Google, défendant l'idée d'une taxe sur la publicité en ligne. Sous Hollande, c'est la ministre de la Culture, Aurélie Filippetti, qui annonce la couleur en faisant voter un dispositif interdisant à Amazon de cumuler gratuité des frais de port et réduction de 5 % sur le prix unique du livre, qui pénalisent les librairies indépendantes. En 2013, le ministre de l'Economie Pierre Moscovici assigne la plate-forme de réservation en ligne Expedia.com. L'année suivante, Arnaud Montebourg, ministre du Redressement productif, s'en prend à Booking.com. Les parlementaires, quant à eux, imposent à Airbnb de collecter la taxe de séjour.

Partout dans le monde, les gouvernements vont au charbon pour défendre les fleurons de la vieille économie. Les mairies de San Francisco et de New York ont encadré les pratiques d'Airbnb. La Catalogne leur a emboîté le pas. Pourquoi le politique est-il si prompt à endosser la cause des Anciens et à combattre les Modernes ? Difficile en effet de plaindre des taxis de longue date sous le feu des critiques. Travis Kalanick aime raconter qu'il a imaginé Uber à Paris, où il avait du mal à trouver des taxis, même si le projet a été conçu pour résoudre le même problème à San Francisco. « Le politique n'a pas intérêt à rompre l'équilibre d'aujourd'hui, même s'il n'est pas idéal. Car il n'encaissera pas le bénéfice d'une réforme toujours facteur d'incertitude, qui créera des frictions, et fera des gagnants et des perdants », explique Bruno Lasserre, président de l'Autorité de la concurrence.

Alors l'Etat tente de trouver son chemin entre la protection des avantages et des emplois existants et la promotion du progrès technologique, souvent plébiscité par les utilisateurs. Un arbitrage délicat entre le producteur et son pouvoir de lobbying et le consommateur qui vote avec son smartphone. Préserver l'existant sans compromettre le futur. Et cette schizophrénie classique des périodes de grands changements devient encore plus aiguë quand elle s'approche de ce qui est le plus précieux aux yeux de tous : la santé.

15

Mon docteur est un ordinateur

La santé de ses citoyens est un objectif primordial pour la puissance publique. Mais même dans ce domaine, la compétition est féroce et l'Etat-providence doit s'effacer, bien souvent, devant la « machine providence ».

L'histoire de Tom Trieu illustre le phénomène. Cet Américain habite une jolie maison perchée sur les collines qui dominent la région champêtre de Gilroy, dans la grande banlieue de San Jose en Californie, à quelques encablures du cœur de la Silicon Valley. Avec sa femme, May, cet ingénieur de soixante ans a choisi de confier sa santé à la société Kaiser Permanente, la plus importante organisation de l'Etat qui y est dédiée. Une institution particulière qui réunit sous un même toit une mutuelle, trente-huit hôpitaux, dix-sept mille médecins et cent soixante-dix mille personnes au service de neuf millions et demi de clients, soit à peu près la taille de l'Assistance publique-Hôpitaux de Paris.

Seule différence, dans cette structure à but non lucratif gérée par une fondation, tout est informatisé depuis belle lurette. « Comme je dois surveiller mon sang, tous les six mois on me prévient par mail ou téléphone que je dois faire un prélèvement, raconte Tom. Je prends rendez-vous en ligne, j'y vais le matin et l'après-midi même, sur le site internet de Kaiser, dans mon espace personnel, il y a les résultats, qui ont été transmis automatiquement à mon médecin. Je lui envoie un mail pour lui demander si tout va bien, il me répond dans la journée et c'est tout. »

Depuis près de vingt ans, le papier a totalement disparu chez Kaiser, les ordonnances sont envoyées par mail et maintenant, même les images des examens, scanners, IRM et autres, sont accessibles de partout pour les médecins qui en ont besoin. Un fonctionnement totalement fluide, facilité par l'intégration extrême dans l'organisme de toute la chaîne, jusqu'à la pharmacie. De plus, depuis les lois Obama sur la santé, les dossiers médicaux sont automatiquement transmis à la nouvelle mutuelle de santé, si on décide d'en changer.

A l'Assistance publique-Hôpitaux de Paris (AP-HP), qui concentre ce qui se fait de mieux en France en matière de santé, on n'utilise que des dossiers papier remplis fastidieusement à la main par des médecins dont la lisibilité d'écriture n'est pas la première qualité. Les dossiers s'accumulent dans des armoires, puis, après quelques années, sont stockés aux archives, réparties dans toute la région et détruites au bout de vingt ans, sauf si elles présentent un intérêt historique. Car les archives de l'AP-HP remontent au Moyen Age.

Le patient n'est plus un incapable

Si le système de santé français ne veut pas se contenter de devenir un musée à la gloire d'un passé perdu, il va devoir se bouger ! Et vite. Hérité de la croissance des Trente Glorieuses, notre système est à bout de souffle : trop cher – 245 milliards de dépenses par an – et de moins en moins efficace. En cinquante ans, nous sommes passés d'une médecine soignant des maladies aiguës, (infections, virus...) à une médecine traitant des affections longue durée (cardio-vasculaires, cancers, diabètes...) toujours plus complexes. Elles touchent désormais plus de huit millions de Français, soit les deux tiers des malades.

Conséquence du formidable progrès médical des cinquante dernières années, la santé se complexifie, se fragmente, s'individualise. D'autant que le patient, s'il ne trouve pas toujours internet à l'hôpital, l'a chez lui et l'utilise. La santé est l'un des thèmes les plus questionnés sur les moteurs de recherche de type Google. L'information circule. Fini le temps où le docteur pouvait dire, comme Louis Portes, le président du Conseil national de l'Ordre des médecins en 1950, « l'usager est un incapable notoire. Il appartient au médecin de décider ce qui est bon pour lui[1] ».

Finalement, ce qui se passe dans le commerce, les transports, les médias et ailleurs dans l'économie, se

1. Cité dans « Quelle santé pour demain ? », éditions Alternatives, 2014.

retrouve dans la santé : le consommateur prend le pouvoir. « Nous passons d'un métier structuré autour de pathologies vers un système centré sur le patient. Le sujet de demain, ce n'est pas les robots dans les blocs opératoires, mais la coordination de la chaîne de santé », affirme Pascal Roché, le patron de la Générale de Santé, le premier groupe français de cliniques privées. Tous les grands pays européens, les plus généreux au monde en la matière, en arrivent à la même conclusion. Et pour résoudre cette quadrature du cercle avec des dépenses insupportables et des besoins nouveaux, le numérique s'impose. « Et c'est vrai que dans ce domaine, nous en sommes encore au Moyen Age », reconnaît Pascal Roché.

Et comme dans les autres domaines de l'économie, les acteurs traditionnels prennent le risque, s'ils ne réagissent pas, de se faire doubler par de nouveaux venus.

L'invasion des objets connectés

Google contre l'Assistance publique ? Pas vraiment. Le moteur de recherche n'a pour l'instant pas l'intention de gérer des hôpitaux, mais il pourrait s'insérer dans la chaîne, juste entre le patient si avide d'informations et le système de soins. Devenir la plate-forme de santé qui conseille et oriente, comme Booking.com l'est devenu dans l'hôtellerie. Il a d'ailleurs lancé récemment le Google Fit, sorte de carnet de santé personnel qui peut collecter toutes les données, sportives et de santé, que l'on veut y mettre ou qui sont réunies par de nouveaux petits appareils de mesure qui commencent à se multiplier, surtout aux Etats-Unis. C'est le mouvement du « Quantified self », autrement dit : mesurez vous-même votre forme ! Dans la même veine, Apple a dévoilé, fin 2014, son « Health Kit » qui réunit à peu près les mêmes fonctions. En somme, puisque la santé publique est si réticente à me confier les données sur ma santé, éparpillées dans les différents hôpitaux et cabinets médicaux, je me constitue mon propre dossier que je partagerai avec qui je veux et qui me suivra aussi facilement que mon smartphone.

Pour devenir le Booking.com de la santé, les géants du Net s'appuient sur deux tendances majeures qu'ils maîtrisent à la perfection : les objets connectés et le Big Data. Le français Eric Carreel avait fait un tabac avec sa balance connectée qui envoie au smartphone les indications de poids. Depuis, l'insatiable entrepreneur a mis au point des montres qui mesurent l'activité physique (les pas), des petits boîtiers qui prennent la tension, un sous-matelas qui mesure la qualité du sommeil. « Ce qui importe, ce n'est pas la mesure individuelle, mais l'accumulation qui permet de suivre l'évolution de sa forme, explique-t-il. Dans dix ans, le médecin passera une heure dans la journée à consulter les données issues de tous ces appareils qui équipent ses patients, et il décidera qui il a besoin de voir. C'est cela la nouvelle médecine ! »

Aux Etats-Unis, la laborieuse loi sur la santé du président Obama – en incitant à innover en matière de soin et de prévention – a déclenché un raz de marée de start-up dans ce domaine. Comme Scanadu, une entreprise qui fabrique des petits objets pour mesurer chez soi et sans effort la tension, la température, le rythme cardiaque ou l'urine et envoie les résultats sur smartphone et au médecin si on le souhaite. « Ayez une salle d'urgence à la maison », proclame fièrement la société.

Ce déluge d'informations permettra d'établir des bases de données gigantesques qui permettront d'établir des corrélations entre ces petits signes et l'apparition de maladies. Un cocktail explosif qui pourrait sauver des vies, mais qui peut aussi mettre à plat une bonne partie de notre système. « Si on ne s'y met pas vite, prévient Eric Carreel, on va à la catastrophe. Dans cinq ans, tous ces dispositifs seront au point et généralisés, et quand l'Etat se résoudra à ouvrir les vannes, car il n'aura plus d'argent pour maintenir le système actuel, ce sera l'invasion américaine. »

Des nanotechnologies au transhumanisme

Eric Carreel n'a pas tort, car du côté de Google on est très motivé. La firme engloutit des sommes considérables pour racheter des entreprises et se bâtir un empire dans la santé : bio- et nanotechnologies, génétique… rien ne lui échappe. A l'été 2014, il a par exemple annoncé la mise au point d'une lentille de contact qui mesurerait automatiquement le taux de glycémie pour les diabétiques. Puis, trois mois plus tard, il parlait d'une pilule miracle à base de nanoparticules pour prévenir des attaques cardiaques ou détecter des tumeurs.

Un activisme débordant qui l'a fait embaucher Arthur Levinson, l'ancien patron du leader mondial des biotechnologies, Genentech, pour piloter sa filiale dans ce domaine, Calico. Avec une obsession : repousser, si possible indéfiniment, les ravages du grand âge. Sergueï Brin, le cofondateur de Google, est un fervent militant du transhumanisme, ce mouvement qui imagine que d'ici 2050, la technologie aura gagné sa bataille contre la maladie et la mort en faisant de l'homme la machine ultime. Avec sa femme, Anne Wojcicki, il a également fondé la société « 23 and me » qui propose des tests de génome pour détecter d'éventuels risques de contracter des maladies. Google a d'ailleurs recruté à cet effet l'un des principaux théoriciens du transhumanisme, l'informaticien Raymond Kurzweil.

Besoin d'économies et de s'adapter à la nouvelle donne d'un côté, menace diffuse d'arrivée de nouveaux acteurs de l'autre : les acteurs traditionnels sont condamnés à mettre le cap sur le numérique. Comme l'a fait, avant tout le monde, la mutuelle médicale Kaiser en Californie, si chère au cœur de Tom l'ingénieur. Très intégré lui aussi, le système britannique, la NHS (National Health Service), s'est entièrement transformé et son site web permet de faire des prédiagnostics et d'orienter les malades. Les médecins n'écrivent plus et discutent avec les patients autour d'un écran. En 2014, la NHS a introduit le « Blue Button », qui permet sur son ordinateur d'avoir accès à ses informations médicales et éventuellement de les partager avec son médecin. Et l'organisme n'hésite plus à publier sur son site les performances des médecins, notamment des chirurgiens. Une révolution qui aura coûté près de 8 milliards d'euros pour informatiser le dossier médical des patients.

De ce côté-ci de la Manche, on en est encore loin. En gestation depuis presque vingt ans, le dossier médical personnel devait être réalisé avec le plan « hôpital 2012 », digne successeur du plan « hôpital 2007 ». Nouvel échec, car impossible de mettre d'accord tous les acteurs français, et notamment les médecins, qui s'estiment insuffisamment impliqués dans des procédures trop lourdes et décidées par des fonctionnaires de la santé dont certains cherchent surtout à détecter les médecins trop prescripteurs. Plus modestement, le ministère de la Santé s'est sagement rabattu sur un plan « hôpital numérique » qui ambitionne de mettre à niveau l'informatique des hôpitaux privés et publics d'ici 2017, avec une petite subvention. Les objectifs ont été clarifiés et le dossier informatisé limité pour l'instant aux malades chroniques et aux personnes âgées. Plus audacieuse, la Générale de Santé porte maintenant sur son site internet les temps d'attente aux urgences. Une initiative qui enchantera les patients, peu habitués à autant de sollicitude dans ce domaine, mais qui ne répond pas à la difficulté de la mise en place d'un système unifié et efficace. Pour cela, il faudra attendre.

Mais quoi ? Que l'arrivée de super-ordinateurs, comme le Watson d'IBM qui concurrence déjà les meilleurs médecins dans l'établissement de diagnostics complexes, pose des questions à tout le corps médical ? Que les robots chirurgicaux qui permettent d'opérer à distance changent la donne ? En fait, comme le dit Eric Carreel, c'est la pression financière qui fera craquer le système. Et si, à l'instar de l'éducation, les pouvoirs publics entendent lutter contre l'établissement d'une médecine à deux vitesses, de pointe et très numérique pour les riches, dégradée et papivore pour les pauvres, ils devront accélérer sérieusement la marche vers le digital, quitte à briser certains corporatismes, privés ou publics.

Aux Etats-Unis, Tom et May payent 1 500 dollars par mois (dont une partie payée par l'employeur) pour accéder tous deux à l'excellence de Kaiser. Les mutuelles françaises s'approchent doucement de ces tarifs. Un défi considérable pour l'Etat-providence français. S'adapter ou mourir : Darwin n'aurait pas dit mieux. Et Rousseau non plus…

16

Rousseau contre la Sorbonne

A vingt et un ans, Norman l'avoue sans honte : l'école, ce n'était pas vraiment son truc. Un bac passé plusieurs fois, même en candidat libre, en vain. « Je n'étais pas assidu », admet le jeune homme. Après avoir « longtemps glandé – je faisais du code, de la musique » – Norman se décide à tenter le concours de l'école 42, cette école d'informatique gratuite entièrement financée par Xavier Niel.

Installée sur les boulevards des maréchaux dans le nord de Paris, à deux pas du périphérique, l'école 42 ne ressemble à aucune autre. Ouverte en juillet 2013, elle ne requiert aucun diplôme à l'entrée, revendique même s'intéresser aux laissés-pour-compte du système scolaire. Ce qui ne l'empêche pas d'avoir mis en place à l'entrée un système de sélection sans merci, qui n'a rien à envier aux concours d'entrée des grandes écoles.

Les postulants passent quatre semaines dans « la piscine », à enchaîner nuit et jour des centaines d'exercices de code. L'ambition de 42 : « Former les gens qui vont créer le nouveau Facebook », justifie sans ambages Nicolas Sadirac, le directeur de l'école. Barbu, le cheveu en bataille, ce quadragénaire en tee-shirt ferait retourner dans sa tombe Jules Ferry. Dans cette école version 3.0, il n'y a ni professeur, ni salle de classe, ni tableau noir, mais trois immenses espaces ouverts répartis sur trois étages où s'alignent des rangées de Mac flambant neufs. Il n'y a pas de cours mais des « problèmes à résoudre », comme créer un jeu vidéo à partir d'un langage que l'on ne connaît pas. Les élèves se forment tout seuls, cherchant sur internet les réponses à leurs questions, et se corrigent entre eux.

Pourquoi apprendre quand l'information est partout ? « Le stockage de la connaissance n'a plus de sens. L'accès à l'information est tellement rapide qu'on peut partir de zéro », affirme Nicolas Sadirac. Une équipe pédagogique d'une dizaine de personnes imagine les sujets. Pour le reste, les élèves doivent se débrouiller. Ils ont une difficulté, butent sur une question ? Ils ne peuvent compter que sur leurs congénères. L'entraide, la collaboration font partie des valeurs premières de l'école, qui tente de reproduire le monde de l'entreprise où c'est l'intelligence de tous qui fait avancer la machine.

Pas question d'aller sonner au « Bocal » du troisième étage, où se situe l'équipe pédagogique qui imagine les sujets, entretient les Mac et le réseau. « En général, on les décourage, on leur fait comprendre qu'ils n'ont pas bien cherché », explique Marc Chapeau, membre du « Bocal », lui-même toujours étudiant à l'Epitech, l'école d'informatique qui a servi d'inspiration à 42. Pour la première fois, Norman est motivé. « Dans une école, tu as un professeur pour trente élèves. Ici, il y a trente professeurs pour trente élèves. C'est la première fois de ma vie que je travaille le samedi et le dimanche », se réjouit le jeune homme. Si les notes sont individuelles, Norman fait équipe avec trois autres étudiants. « On essaie de travailler sur les mêmes projets en même temps. Cela permet de s'entraider. Norman savait coder avant moi. Il m'a beaucoup aidé au début », dit Vincent. A vingt-cinq ans, le jeune homme est loin du profil des élèves en échec scolaire que souhaitaient recruter Nicolas Sadirac et Xavier Niel. Il a même fait une école de commerce, l'ICN, à Nancy. Mais après avoir traîné ses guêtres dans l'immobilier, il a décidé de revenir se former à l'informatique pour vivre de sa passion : le jeu vidéo.

Quatre cents millions de cours gratuits

Une école sans maître, où l'élève apprend tout seul grâce à des cours diffusés sur internet, aux fiches Wikipédia ou aux ouvrages disponibles : le numérique sécrète tous les ingrédients pour faire exploser l'école. Le pionnier de cette révolution à venir s'appelle Salman Khan qui fonda, en 2008, la Khan Academy, une plate-forme de « Moocs », ces « cours massivement en ligne », selon l'appellation anglaise.

Salman Khan, un Américain de mère indienne et de père bangladais, diplômé du MIT et titulaire d'un MBA à Harvard, a commencé sa carrière dans un fonds d'investissement. Il se prend de passion pour la pédagogie en tentant d'aider à distance en mathématiques sa cousine. Face à l'afflux de demandes de cousins et d'amis, il diffuse ses cours sur YouTube. Succès immédiat. Aujourd'hui, la Khan Academy, débarquée en France en 2013, propose des Moocs en vingt-huit langues dans toutes les matières académiques (maths, physique, littérature, médecine...). Chaque jour, les élèves résolvent quatre millions de problèmes. La plate-forme aurait diffusé quatre cents millions de cours depuis sa création en 2008. Avec un atout maître : « La Khan Academy est gratuite et le restera », proclame fièrement la société financée par de généreux donateurs dont Bill Gates, Google, Oracle ou le milliardaire mexicain Carlos Slim.

Pour ne pas rester au bord du chemin, de nombreuses universités s'y sont mises. Stanford, Harvard, Yale mais aussi l'Ecole normale supérieure, Polytechnique ou HEC diffusent sur des plates-formes privées, notamment sur celle de l'américain Coursera, une partie de leurs cours. Un phénomène devant lequel bon nombre de professeurs sont encore vent debout : « Les Moocs ne cessent de vanter la pratique, le refus du savoir théorique. Ils sont l'un des dispositifs de pointe dans la vaste liquidation de ce que l'on avait coutume d'appeler "savoir" et qu'étaient supposées transférer et produire les universités », s'insurge, dans une tribune, Pascal Engel, ancien élève de l'Ecole normale supérieure, professeur de philosophie et directeur d'étude à l'Ecole des hautes études en sciences sociales (EHESS).

A quoi sert un prof ?

Il faut dire que le numérique, incarné par le Mooc, remet profondément en cause la place du professeur dans la salle de classe. Et ce n'est pas l'école 42, où l'on a banni la figure tutélaire de l'enseignant qui dira le contraire. « Il faut être fou pour aller en amphi alors que vous pouvez trouver la star du domaine que vous étudiez sur internet. A moins d'être un cador, un prof, ça ne sert à rien », explique, un brin provocateur, Nicolas Sadirac, qui emploie « des coachs et des animateurs. Oui, c'est ça : des gentils animateurs ».

D'autant que, pour beaucoup d'experts, l'école n'assurerait plus sa mission. La démotivation et l'absentéisme gagnent les salles de classe, et même les enfants des élites ne supporteraient plus de rester assis six heures en classe à écouter. « La révolution numérique, c'est dans l'éducation, une révolution pédagogique. Sur le Web, on pose des questions et on a des réponses. A l'école, on ne pose pas de questions et on nous assène des réponses », lance Sophie Pène, professeur à l'université Paris-Descartes. Cette universitaire, membre du Conseil national du numérique, fait partie des pionnières de l'enseignement numérique. Dès 2001, elle monte un campus numérique. Suivra en 2003 une licence entièrement en ligne dont sortiront les premiers community managers (gestionnaires de réseaux sociaux).

La plupart des professeurs regardent le Mooc d'un mauvais œil, percevant la menace qui pèse sur leur emploi. Le maître d'école de notre enfance va-t-il disparaître ? A l'heure où l'éducation nationale reste le premier budget de l'Etat – 144 milliards d'euros en France en 2013, soit plus de 6 % du PIB et la moitié du total des fonctionnaires, un mammouth que gouvernements de gauche et de droite ne parviennent pas à dégraisser –, la tentation peut être grande d'utiliser le numérique pour faire des économies. Au Kenya, des dizaines de milliers d'enfants suivent des cours dispensés sur des tablettes, l'enseignant n'étant là que pour s'assurer que le savoir a été acquis. Aux Etats-Unis, où les études ruinent les classes moyennes, de nombreuses écoles et universités utilisent la Khan Academy comme base de cours, et Stanford propose un lycée entièrement en ligne à prix cassé.

Montessori contre Ferry

Ces tensions que connaît le monde de l'éducation ne sont pas nouvelles. Dans l'école de Jules Ferry, un maître tout-puissant, debout sur l'estrade, dispense le savoir à des élèves ignorants. Une vision de l'enseignement que contestaient déjà, un siècle plus tôt, certains esprits des Lumières. Au XVIIIe siècle, dans *Emile ou de l'éducation*, un ouvrage qui fit scandale car il remettait en cause le monopole de l'Eglise sur l'école, Jean-Jacques Rousseau fait du précepteur un guide qui s'appuie sur l'instinct et la curiosité de l'enfant. Il lui conseille des lectures, le prend par la main afin qu'il s'approprie le savoir par lui-même. Le philosophe servira d'ailleurs d'inspiration à Maria Montessori. Cette Italienne fonda l'école reposant sur l'initiative et l'autonomie de l'enfant. Le numérique, c'est la revanche de la méthode Montessori sur Jules Ferry, le célèbre homme politique de la IIIe République instigateur de la loi de 1882 qui instaure l'instruction obligatoire, gratuite et laïque. Une époque où la plupart des enfants vivaient à la campagne et ne parlaient pas le français mais le patois de leur région. L'instituteur est devenu la figure centrale de la méritocratie républicaine.

Aujourd'hui, le professeur doit sérieusement repenser son rôle. Que peut-on enseigner à un élève surinformé, qui mouche son interlocuteur en regardant Wikipédia ? « Corriger des copies, remplir des bulletins, ça, le numérique peut le faire. Mais mettre en action l'intelligence de l'élève, lui transmettre le désir d'apprendre, organiser le débat critique, voilà la mission du professeur », affirme Sophie Pène. Elle conteste ainsi l'approche radicale de l'école 42 de Xavier Niel qui imagine se passer de professeur.

Une vision des choses qui reste minoritaire dans le monde de l'éducation. Ni l'Ecole polytechnique ni la Sorbonne n'imaginent la fin des profs, terrassés par les cours en ligne. « Le Mooc ne remplacera jamais le cours magistral », lance Nadia Jacoby, vice-présidente du conseil d'administration de Panthéon-Sorbonne en charge du numérique. Depuis son bureau logé dans le bâtiment historique de l'université, place du Panthéon, cette professeure d'économie industrielle montre, de l'autre côté de la cour, un amphi plein à craquer. Tous les étudiants sont sur leur ordinateur

« pour prendre des notes ou vérifier ce que vous dites sur Wikipédia. Au début, c'est très déstabilisant. Mais la fréquentation des cours n'a pas baissé », assure-t-elle. Reste à savoir combien écoutent et combien surfent sur Facebook !

A la Sorbonne donc, le numérique est utilisé par de nombreux professeurs pour mettre en ligne des plans de cours, des références bibliographiques et des vidéos. Pour le cours, en revanche, l'étudiant doit se déplacer. Ce n'est pas le numérique qui viendra bouleverser huit siècles d'histoire ! Même certitude à Polytechnique, où Frank Pacard assure que ses Moocs n'ont pas intéressé ses étudiants, mais un public hétéroclite, composé de lycéens, de retraités ou d'informaticiens. « Nos étudiants préfèrent venir en classe », affirme le directeur de la recherche de l'école, qui assure que le rôle du professeur ne change pas. « En théorie, on peut tout apprendre dans les livres. Mais il y a quand même des professeurs. Si en informatique, on peut se former seul, ce modèle n'est pas déclinable. En biologie, par exemple, il faut bien être en cours. En outre, dans l'enseignement classique, il y a un programme. Le cours s'adapte à ce programme, au niveau des élèves et à une certaine pédagogie. C'est pourquoi il n'y a pas d'universalité dans les cours. »

Et puis, tout simplement, comme il y a encore des salles de cinéma à l'heure de l'internet, rien ne remplacera l'émulation collective d'une rencontre, ensemble, avec un professeur dans un amphi. Une expérience plus motivante et enrichissante que celle de le voir chez soi sur son ordinateur ! Ce qui n'empêche pas que, comme dans le cas de la musique ou des films, une nouvelle concurrence s'installe, d'autant plus dangereuse qu'elle est gratuite.

Le marketing par le Mooc

La Sorbonne et Polytechnique se sont lancées dans les Moocs, avant tout pour des questions d'image. « Il y a un marché mondial de l'étudiant, il faut aller le chercher partout. Même Stanford communique beaucoup plus qu'il y a vingt ans », dit Frank Pacard. L'école en a mis cinq en ligne, sur la plate-forme américaine privée Coursera et sur sa concurrente française FUN (France Université Numérique) et dispose de dix cours supplémentaires dans les cartons. La Sorbonne concocte des Moocs à destination du grand public, sur l'histoire, le Moyen Age ou l'Antiquité. L'idée : mettre en vitrine un savoir-faire qui donne envie de venir y étudier.

Pour la Sorbonne, cette innovation révolutionne la formation tout au long de la vie. Il y a là une occasion de prendre un nouveau marché. « Les universités sont en déficit, car elles n'ont pas la main sur leur budget. On se dit qu'il y a un créneau commercial avec la formation continue. La Sorbonne dispose d'un savoir-faire reconnu », explique Nadia Jacoby. Or, de nombreux acteurs guettent ce marché, à commencer par les éditeurs de livres ou les organismes de formation continue. « Ils produisent des Moocs et sollicitent les établissements d'enseignement supérieur pour apporter leur marque. Mais il ne faut pas laisser entrer le loup dans la bergerie, car c'est nous qui avons la marque et la compétence sur les contenus », complète cette professeure d'économie industrielle, qui se méfie ainsi de Coursera, un intermédiaire en apparence inoffensif, qui se pose entre l'établissement et l'étudiant.

Si la majeure partie des cours sont gratuits, une autre commence à être payante. Pour gagner de l'argent, Coursera vend des « certificats » d'assiduité ou d'assimilation des connaissances qu'auraient obtenus un étudiant ayant suivi un Mooc. Et aux Etats-Unis, l'American Council of Education en a officiellement reconnu cinq, distribués par Coursera, et fournis par des universités de Pennsylvanie, de Californie et de Caroline du Nord. Pour le moment, il n'y a pas de raz de marée. Qu'en sera-t-il si un jour Coursera propose des cursus complets sur-mesure, panachant les cours de différentes universités pour s'adapter au mieux aux besoins du marché du travail, et ce, à des prix défiant toute concurrence ? Même si les universités restent maîtres des contenus, elles devront partager la manne et l'élève avec ce nouvel intermédiaire de l'éducation. L'histoire n'est pas sans rappeler celle des hôteliers, ravalés au rang de simples fournisseurs de services, ponctionnés par des géants comme Booking.com ou Hotels.com, qui sont les seuls en mesure d'aller chercher et d'attirer le consommateur.

Jeter un voile pudique sur les Moocs, faire comme si le numérique ne changeait rien, c'est prendre le risque de livrer l'éducation au monde du privé. L'école 42 n'est que la phase de décollage d'un phénomène qui pourrait s'étendre si l'éducation ne joue plus son rôle, avec toutes les conséquences imaginables sur l'inégalité des situations et des parcours. Elevé à Créteil dans une famille de la classe moyenne, Xavier Niel, devenu milliardaire, l'avoue pourtant : « Ce pays a mis beaucoup de choses à ma disposition, à commencer par l'école. »

L'Etat ne serait donc de moins en moins capable d'assurer la formation de ses concitoyens, la santé de ses nationaux, la richesse de ses habitants... Laissant un champ libre aux barbares du numérique. Mais la vraie bataille ne fait en réalité que commencer.

QUATRIEME PARTIE

LES NOUVELLES LOIS DU CAPITALISME 3.0

17

La fin des petits chefs… et des grandes organisations

Si la riposte face à cette vague qui bouscule tout met du temps à s'organiser, la réponse viendra peut-être non pas des institutions, mais des individus. Face à un Etat impuissant, des entreprises pétrifiées, l'homme serait-il le dernier rempart contre la machine ou, au contraire, jouera-t-il le rôle de catalyseur du progrès – avec les risques que cela comporte ?

Blotti dans un joli vallon creusé par la rivière Boëme, le petit village de Mouthiers-sur-Boëme, à 11 kilomètres d'Angoulême, semble loin de la Silicon Valley et même de Paris. Dans cette commune rurale de Charente, la fibre optique n'est arrivée qu'en 2010. Aussi, quand, en 2008, Julien et Frédéric Lippi, qui venaient tout juste de reprendre le métier de fabricant de clôtures des mains de leur père, ont décidé de former tout le monde à l'internet, ce fut la révolution dans la seule entreprise industrielle de la commune.

Il faut dire qu'ils n'ont pas lésiné sur les moyens : dix-huit mille heures étalées sur un an et demi pour apprendre à se servir du Web, à tenir un blog, à utiliser les réseaux sociaux, à faire de la vidéo. Les quelque trois cents employés de l'époque, dont deux tiers d'ouvriers, ont été incités à fréquenter assidûment les salles de formation. Avec une consigne : s'approprier l'outil, non pas pour un usage professionnel immédiat, mais pour leur usage personnel. « Nous leur disions : quelle est ta passion ? Le rugby ? Alors, fais un blog », raconte Frédéric Lippi. Une employée a organisé l'anniversaire de son mari, un autre a carrément changé de métier en faisant de son occupation du week-end, l'animation de soirées dans la région, son activité à temps plein.

Le résultat a été spectaculaire et inattendu. Si la base est rentrée dans le jeu, passée la première phase de méfiance, il n'en a pas été de même pour l'encadrement. Premiers à être formés, la quarantaine de cadres ont majoritairement joué l'incrédulité. « Ils ont pris ça pour une farce, reconnaît Frédéric Lippi, ils nous disaient "on fait du grillage, pas du Web", et puis ils n'avaient jamais le temps. » Mais ils ont aussi entendu le message implicite, que Frédéric Lippi explique aujourd'hui ouvertement : « Désormais, nous allons parler directement aux gars, on ne passera plus par vous car vous ne passez pas les messages, ou vous les déformez. » Ils ont compris que leur métier ne serait plus le même.

A l'autre bout de la chaîne hiérarchique, employés, manutentionnaires et ouvriers se sont approprié ces nouveaux outils pour résoudre leurs petits problèmes quotidiens. Et c'était bien l'objectif avoué de cette conversion massive à l'internet. Améliorer l'efficacité de l'entreprise à un moment où le carnet de commandes battait de l'aile. Les ateliers ont pris l'habitude de communiquer par Twitter, d'utiliser les petits logiciels de création d'images 3D de Google pour optimiser le remplissage des camions, de correspondre directement avec les clients… Résultat, sur la quarantaine de cadres qui peuplaient l'entreprise, il n'en reste plus qu'une moitié. Les partants n'ont pas été remplacés et l'entreprise est passée en quelques années de cinq niveaux de hiérarchie à trois.

Notez votre patron !

Communication horizontale, transparence des décisions, remise en cause des directions, le virus du numérique a fait son œuvre. L'exemple de la PME Lippi n'est pas isolé. Toutes les entreprises qui ont mis le doigt dans l'ouverture aux nouveaux outils et notamment aux réseaux sociaux en font l'expérience, même les plus grandes. « Le digital a un impact considérable sur l'organisation du travail », reconnaît Bruno Mettling, le directeur adjoint des ressources humaines d'Orange. Lui aussi, dans son entreprise de cent soixante mille personnes, ressent cette impérieuse nécessité.

Et puis, quand l'entreprise ne s'ouvre pas d'elle-même à ces nouvelles pratiques, les salariés les font entrer en douce, par la porte de derrière. Facile puisqu'ils ont leur smartphone dans la poche toujours branché sur l'extérieur. L'information ne circule pas assez dans l'entreprise ? Pas grave, avec l'application Glassdoor, qui fait fureur aux Etats-Unis et s'est implantée en France, vous pouvez déposer anonymement un commentaire sur votre société et la noter à l'intention des futurs embauchés. Niveau des salaires, ambiance de travail, perspectives de carrière, tout y passe. « Très bon salaire, mais beaucoup trop de pression », pointe cet employé d'Orléans qui attribue trois étoiles sur cinq à son employeur Amazon. Même le P-DG est noté, comme pour l'hôtel de ses vacances d'été !

Enfin, si cela ne suffit pas, les clients ou les usagers eux-mêmes forcent le changement. Comment accepter les queues à la poste ou à la gare quand on peut d'un clic accéder à de nouvelles applications pour réserver son billet de train par exemple ? Comme le souligne Nicolas Colin dans son livre *L'Age de la multitude*, proposer une application numérique à un client, c'est déjà bouleverser son organisation interne. Les anciens guichetiers de la SNCF en savent quelque chose.

Toutes les organisations sont poussées au changement par cette lame de fond qui met à tout moment dans la main de tous les informations et le savoir autrefois détenus par une poignée de privilégiés. Commander et surveiller, le fameux « command and control » qui a constitué pendant des siècles le socle de la gestion de toutes les grandes organisations – de l'armée à l'Eglise, en passant par la fonction publique et les entreprises –, est en train de voler en éclats.

Reconnaissons que le numérique n'est pas le seul responsable de cette situation. Voilà près d'un quart de siècle que la gestion des organisations évolue vers plus d'autonomie et d'individualisation. On n'en finit pas d'enterrer Taylor et son organisation scientifique du travail qui a fait, après sa mort, la fortune des fabricants automobiles et apporté l'une des plus belles pages de l'histoire du cinéma avec *Les Temps modernes* de Charlie Chaplin. Une théorie née au cœur du XIXe siècle et qui a donné naissance au concept même d'entreprise.

De Zola à Toyota

Ironie de l'histoire, l'autonomie du travailleur et sa responsabilité, tant vantées aujourd'hui, ont prévalu durant une large partie de la révolution industrielle, jusque dans les années 1880. A l'âge du fer et de la vapeur, celui de la première révolution industrielle, les ouvriers étaient encore des artisans plus ou moins indépendants que l'on embauchait pour leur tour de main, car ils étaient capables de concevoir et produire des pièces entières. Avec la montée en puissance des industries, les conflits étaient nombreux entre ces experts rebelles et les patrons qui tentaient de les domestiquer dans des ateliers de plus en plus grands. Aimant la vie, les femmes et la boisson, ils changeaient d'employeur au gré de leurs humeurs. Les chefs en avaient peur, certains surveillaient leurs ateliers un pistolet dans la poche. On a un temps appelé ces héros de la préhistoire industrielle, les « sublimes ». Ces grandes gueules ont servi de trame à *L'Assommoir* de Zola, qui décrit l'ascension et la déchéance des petits ouvriers de l'époque.

Ouvrier lui-même, devenu ingénieur en 1884 à force de cours du soir, Frederick Winslow Taylor peste contre ces artisans rétifs à la discipline et fustige leur « flânerie systématique », cause de faible productivité du travail dans les usines. Comme son homologue français Fayol, il estime qu'une usine n'est pas la juxtaposition de talents individuels, mais un collectif qui doit être organisé scientifiquement pour être plus efficace que la somme stricte du travail de ses employés. Après des années d'observations et de mesures, il met au point une théorie qui consacre la séparation verticale du travail. L'ingénieur conçoit la pièce, les moyens de la produire et les machines, l'ouvrier exécute la tâche avec des gestes et des outils standardisés et plus adaptés. De même, dans l'atelier, chacun est affecté à une tâche différente pour éviter les doublons. Le collectif gagne sur l'individu.

La seule application de ces principes, à partir de la fin du XIXe siècle produit des effets spectaculaires. Dans l'aciérie où travaille Taylor, la productivité explose de plus de 300 %, les salaires sont augmentés de 60 % et l'effectif est multiplié par quatre. La prospérité arrive, les « sublimes » disparaissent, remplacés par des salariés, mieux payés et progressivement protégés et encadrés par des syndicats. Au prix de leur liberté. La révolte gronde chez les ouvriers dépossédés de toute autonomie. Mais la preuve est faite : Taylor est bien le père de l'entreprise moderne qui consacre l'ingénieur en figure dominante de son organisation. Et l'ouvrier échange sa liberté contre la promesse d'une vie meilleure, du moins plus confortable, bien loin de *L'Assommoir*.

L'aventure industrielle du XXe siècle peut commencer. Admirateur de Taylor, Henry Ford rajoute une couche d'efficacité supplémentaire en inventant la chaîne de production, largement inspirée des abattoirs de Chicago qu'il avait visités. Les tâches sont alors découpées en mouvements élémentaires. Puis viennent d'autres théoriciens, comme Alfred Sloan, le patron de General Motors, qui poussera à son paroxysme la production de masse dans des entreprises gigantesques. L'homme devient une machine et se perd dans ses rouages comme le magnifiera Charlot en 1936.

Ce premier âge de l'entreprise moderne, porté par les statures de Taylor et de Ford, connaîtra ses premiers soubresauts au tournant des années soixante-dix. La critique sera à nouveau portée par un attelage improbable, celui d'un intellectuel d'origine autrichienne et d'un constructeur de voitures japonaises.

Né à Vienne en 1909, juriste de formation, journaliste en Allemagne (il interviewe Hitler avant son arrivée au pouvoir), économiste en Angleterre en 1933, professeur de philosophie aux Etats-Unis, Peter Drucker écrit beaucoup et invente une discipline qui fera sa fortune et sa gloire, le conseil en management. Il écrira trente-six livres et d'innombrables articles et conseillera tous les grands patrons et présidents du monde entier. Adversaire des bureaucraties, il prône le développement d'entreprises plus simples et tournées vers les deux disciplines reines selon lui : le marketing et l'innovation. Il sera l'un des premiers à remettre l'homme au centre, comme principale ressource de toute organisation. En cela il accompagne son époque, celle des Trente Glorieuses, marquée par la montée du travail féminin, la qualification croissante des salariés, l'arrivée au pouvoir de baby-boomers plus individualistes que leurs parents. En bref, l'âge des cadres dynamiques.

Parmi ses lecteurs fervents, figurent les industriels japonais et notamment Toyota. Le constructeur va mettre progressivement au point toute une batterie d'outils simples destinés à redonner l'initiative à l'employé. Nombre de ces techniques sont si rustiques qu'elles n'utilisent que des petites fiches cartonnées posées sur les bacs ou le long des murs. En rupture avec le taylorisme, mais nécessitant une formation longue et intensive, ces techniques vont se répandre comme une traînée de poudre durant les décennies quatre-vingt – quatre-vingt-dix, comme autant d'antidotes à la bureaucratie des grandes organisations fordiennes héritées de la croissance folle de l'après-guerre.

Quand les financiers ont pris le pouvoir dans les entreprises, durant les années quatre-vingt-dix – deux mille, ce mouvement s'est conjugué avec la nécessité de réduire les effectifs pour accroître la rentabilité du capital. Un cocktail explosif. Le management de responsabilité est devenu le management de performance, se traduisant par un surcroît de stress et un éloignement progressif des directions générales, et parfois son cortège de dépressions, de burn-out, voire de suicides. On a appelé cela le « lean management », le management maigre. Plus efficace, mais aussi plus *maigre* en personnel.

Le travail éclaté

S'inscrivant dans cette tendance, la révolution numérique vient parachever le mouvement. Tout d'abord, en écrasant les niveaux hiérarchiques. Comme dans la PME de clôtures d'Angoulême, les petits chefs disparaissent progressivement. Du moins ceux qui assoient leur pouvoir sur le savoir et la surveillance. Voilà vingt ans que les entreprises cherchent à réduire les niveaux de hiérarchie, c'est même l'un des objectifs du « lean management » que l'on tente d'appliquer jusque dans les ministères. Mais le numérique accélère le phénomène.

Avec le mail et plus encore avec les réseaux sociaux d'entreprises, ces Facebook professionnels, les hiérarchies sont court-circuitées, le savoir circule horizontalement et non plus verticalement, comme les manutentionnaires de Lippi, à Angoulême, quand ils utilisent Twitter pour s'échanger informations et tuyaux sur la production en cours et les problèmes rencontrés. Comme le remarque joliment François Silva, chercheur au Conservatoire national des arts et métiers (Cnam) : « A la loi des pères, est en train de succéder la loi des frères. » Le pouvoir des chefs fait place à l'autorité partagée et l'évaluation se fait collective. Le mode traditionnel de contrôle et de commandement, inspiré de l'organisation militaire, devient du pilotage et de l'animation d'équipe en réseau au service d'une mission donnée.

Est-ce pour autant la fin programmée des commandants ? Bernard Ramanantsoa, directeur général d'HEC, l'une des premières fabriques de leaders de France, ne le croit pas : « Il restera toujours de grands groupes et, en leur sein, des gens ayant plus de responsabilités que d'autres. Le cadre en charge d'entités employant plusieurs milliers de personnes continuera d'exercer une responsabilité assez proche de ce qu'elle est aujourd'hui. » Mais il reconnaît tout de même que « l'autorité ne viendra plus du savoir, mais du savoir-être, de la personnalité, du charisme, de la capacité à faire adhérer les hommes à des idées, et surtout de la capacité à les faire travailler ensemble[1] ». Jules César n'aurait pas dit autre chose !

Autre phénomène majeur : l'éclatement dans le temps et dans l'espace de l'entreprise. Le travail à distance, attendu depuis trente ans, entre doucement dans les mœurs. Selon la première enquête sur le télétravail, effectuée en 2012, près de 17 % des Français travailleraient plus de huit heures par semaine en dehors de leur lieu de travail. Ils étaient moins de la moitié en 2002, selon les chiffres de la Direction de l'animation de la recherche, des études et des statistiques (Dares) et du ministère de l'Economie. Le lien social physique se distend, remplacé par le réseau social omniprésent. Le temps de travail n'est plus un objectif, seule compte la mission. Elle remplace la subordination, symbolisée par la pointeuse qui venait

1. *ParisTech Review*.

rappeler, comme une horloge, l'idée qu'avec le travail, on achète avant tout du temps humain dans un lieu donné.

Dans les régions surpeuplées comme l'Ile-de-France, le télétravail est attendu comme le messie par une grande majorité des travailleurs qui perdent près d'une heure et quart par jour dans les transports. Jusqu'à douze jours par mois, le télétravail accroît la productivité (Roland Berger) et réduit l'absentéisme (Caisse des dépôts). Et il est plus économique pour le salarié et l'employeur. Reste à faire évoluer le droit du travail. « Il faut repenser toute la relation du salarié au travail, estime Bruno Mettling, le DRH adjoint d'Orange. Remplacer la définition d'un lieu, d'un temps et d'une subordination par une finalité (une mission à accomplir) et une liberté de moyens. » C'est ce que teste Orange dans sa Villa Bonne Nouvelle à Paris, où quatre-vingts personnes travaillent sans contrainte de lieu ni d'horaire. Une sorte de laboratoire expérimental regardé au microscope par la direction du groupe pour imaginer le travail, et l'organisation, de demain.

Enfin, après les hiérarchies et l'espace, le troisième grand changement touche aux frontières de l'entreprise, qui, comme toutes les autres organisations, Etat compris, éclatent. A la fois en interne, entre les services, et en externe, avec l'ensemble de l'écosystème qui englobe fournisseurs, partenaires et clients. Que deviendra l'entreprise dans ce monde fragmenté et recomposé ?

Dès les années quatre-vingt, l'économiste irlandais Charles Handy anticipait un modèle entrepreneurial en forme de trèfle à trois feuilles. La première est le cœur avec un petit nombre de permanents, très qualifiés et bien rémunérés, pilotant deux autres ensembles bien plus larges : d'une part, un personnel flexible, intérimaire ou indépendant et d'autre part, les sous-traitants. Une organisation très polarisée avec peu de gens, très qualifiés au centre et une masse de précaires à la périphérie.

Une machine à détruire la fameuse classe moyenne, socle supposé de l'idéal capitaliste et démocratique. Dans son livre au titre très explicite, *Average is Over* (« le moyen c'est fini »), l'économiste américain Tyler Cowen décrit une société de ce type où la classe privilégiée, qui concentre la richesse, ne représente que 15 % de la population. Une thèse cohérente avec l'actuelle explosion des inégalités dans le monde, où, selon l'organisation Oxfam, 1 % de la population détient près de la moitié du patrimoine de la planète.

La revanche du client

Ces organisations très souples et fluides, de petite taille, seront-elles des entreprises ou des équipes d'indépendants réunies autour d'un projet bien défini, comme peut l'être une équipe de tournage autour de la réalisation d'un film ?

Il est probable que tous les types d'organisations coexisteront encore longtemps. Des grands groupes capables de mobiliser de grosses quantités de ressources humaines et financières, agencées sur un schéma classique, et quantité de petites structures s'appuyant sur une armée d'indépendants et de sous-traitants, capables de s'adapter à un monde et à des clients de plus en plus versatiles.

Une fois de plus, la revanche du consommateur s'impose. Des entreprises géantes comme General Electric sont en train de revoir de fond en comble leur organisation pour la rendre à la fois plus légère et entièrement dédiée au service du client. Avec le développement des objets connectés, l'américain, qui construit aussi bien des locomotives que des moteurs d'avions, pourra suivre et entretenir ses produits tout au long de leur existence chez le client. Ici aussi, comme nous l'avons déjà vu, le produit devient un service auquel on s'abonne, comme la musique ou les journaux !

L'entrepreneur indien Vineet Nayar, fondateur de la société de services informatiques HCL a popularisé cette orientation dans un livre provocateur, *Les Employés d'abord, les clients ensuite*[1]. Il ne s'agit pas pour lui de dénier l'importance du client mais plutôt d'expliquer que les employés les plus importants de son entreprise, ceux qu'il faut choyer particulièrement, ce sont justement ceux qui sont au contact direct des clients. Et tous les autres membres de la société, P-DG compris, doivent être à leur service.

Ces entreprises plates et légères, que le monde numérique nous prépare, sont autant l'instrument d'une liberté retrouvée des travailleurs que la source d'une nouvelle subordination à la sauce internet.

1. Editions Diateino, mai 2011.

Il n'y a plus vraiment de distinction entre travail et vie privée à l'âge de la connexion permanente. Plus d'un siècle après la fin des « sublimes » de Zola, le travailleur retrouve autonomie, indépendance et liberté. Mais à quel prix ?

18

L'économie sous le radar

Nathalie n'aime pas le gaspillage. Ni l'accumulation. Sitôt lu, le livre est remis dans le circuit par l'intermédiaire des sites donnons!org, ou freecycle.org. Même chose pour les vêtements et le mobilier. Pour la nourriture, priorité aux légumes fournis par l'Association pour le maintien d'une agriculture paysanne (Amap) de son quartier, pionnière d'une agriculture de proximité, qui permet à l'agriculteur des Yvelines de venir livrer chaque semaine au coin de sa rue. Et quand le frigo a cassé, elle ne l'a pas remplacé. Quand on fait la cuisine tous les jours, que l'on mange végétarien, cela ne sert à rien. Pour le reste, les sites Recup.net ou Radins.com assurent le complément.

Pour les déplacements, c'est vélo à Paris et train pour les grands trajets. Même le compost de la cave, dans lequel s'activent des lombrics, trouvera preneur sur la Toile. Son petit appartement du XVe arrondissement de Paris peut sembler un peu spartiate aux invités. Mais cela lui convient. « Ce n'est pas tant que je cherche à consommer le moins possible, explique-t-elle. Mon but est surtout de recycler le plus possible, mais le résultat est que j'achète peu car je trouve énormément dans mon quartier et je donne (et récupère parfois) sur des sites internet. » Résultat, son salaire de professeur à mi-temps, à moins de 1 500 euros, lui suffit amplement pour vivre comme elle l'entend en plein cœur de Paris, et même faire des économies.

Pour Nathalie, c'est un choix. Pour d'autres, c'est une nécessité. La crise, le chômage qui grimpe, les petits boulots, tout pousse à la débrouille. C'est vieux comme le monde. Sauf que le numérique place entre les mains des consommateurs malins une arme d'une efficacité sans précédent. En mettant directement en relation offreurs et demandeurs, elle abaisse drastiquement les coûts de transaction. Plus besoins de magasin pour se fournir, d'artisan pour réparer son placard, de loueur auto ou de voiture personnelle pour se déplacer. Il suffit de frapper, numériquement, à la porte de son voisin de quartier pour résoudre ses problèmes et ses envies, qu'il s'agisse de se nourrir, de se déplacer, de se loger, de s'éduquer ou de travailler, tout est disponible au meilleur prix à portée de clic. C'est ce que l'on appelle l'économie collaborative. Une économie de l'entraide, de la débrouille, du système D, qui convient parfaitement aux temps difficiles qui nous sont tombés dessus un beau jour de 2008. Précisément l'année où le smartphone prenait son envol.

Sur le site rue89, Denis, quarante-deux ans, au chômage, raconte comment, grâce au site peuplade.fr, il loue ses services d'informaticien et de bricoleur dans son quartier. Il assure engranger près de 160 euros par mois. Dino, lui, préfère le site Zilok pour louer sa perceuse ou son ordinateur. Il assure aussi du covoiturage pour amortir sa voiture. Pour Agnès, c'est une façon d'écouler ses vieux vêtements, tandis que Bruno, à cinquante ans, se débrouille en livrant des petits colis ou en faisant du covoiturage pour des étudiants.

De l'argent dans le portefeuille et des rencontres en plus. Selon l'étude de l'observatoire de la confiance TNS Sofres La Poste, près de la moitié des Français (48 % en 2013) pratiquent régulièrement la « consommation collaborative » et seulement 20 % sont réfractaires. Trio de tête de ces nouveaux comportements : les achats directs aux producteurs, la revente de ses objets et le covoiturage. Principale raison invoquée par les deux tiers d'entre eux : le prix. Comme pour Denis, Dino, Agnès et les autres, c'est la crise qui les pousse dans les bras de cette nouvelle économie, portée auparavant par des militants comme Nathalie, la prof du XVe.

Appelée aussi économie de pair à pair, « peer to peer » en anglais, cette pratique s'était fait connaître sur internet par l'explosion des sites d'échanges de musique au début des années deux mille. D'où la question qui vient immédiatement : l'économie collaborative des années deux mille dix va-t-elle produire les mêmes effets sur l'économie en général que les sites de partage de musique qui ont globalement divisé par deux les revenus et les emplois dans la profession du disque en dix ans ? Autrement dit, cette économie parallèle est-elle en train de siphonner l'officielle, comme les voitures pleines des utilisateurs de Blablacar seraient en train de vider les TGV de la SNCF ?

Du gris au noir

Pour répondre à cette question, il faudrait déjà savoir combien pèse cette nouvelle économie. Pas facile, puisque justement l'essentiel passe sous le radar des statistiques traditionnelles de l'Insee. Pas de salaire officiel quand Dino loue ses services ou sa perceuse. Aucune taxe ni charge quand Frédéric se rend à Fontenay-le-Comte avec Blablacar et laisse une participation aux frais de 25 euros au chauffeur, si ce n'est la commission de quelques pour-cent retenue par la société. On mesure bien ce qui est détruit : l'emploi du guichetier de la SNCF qui ne voit plus passer personne, mais pas le bienfait pour le client qui réserve sur le Net ou opte pour le covoiturage. Les échanges entre particuliers créent peut-être de la convivialité et facilitent la vie de millions de gens, mais ils ne fabriquent pas de « richesse » au sens économique du terme : pas d'impôts prélevés dessus, par de charges et rien dans le fameux produit intérieur brut.

Vieux débat. Le PIB se calcule à partir des transactions monétaires officielles lors de la vente de biens ou de services, c'est-à-dire tout ce qui peut être enregistré par les services fiscaux ou les douanes et qui constituent la base des données de l'Insee. Pas la santé, le bonheur, l'environnement, ni, bien sûr, l'argent et le temps économisés. Quelques indicateurs permettent néanmoins de se faire une idée du développement de cette économie invisible. Le plus simple, mais peu précis, consiste à examiner les acteurs officiels du secteur. Ces sites qui ont pignon sur rue.

Comme le français Blablacar ou l'américain Airbnb, spécialiste de la location d'appartements entre particuliers. Dans les deux cas, la progression est spectaculaire. Si les deux entreprises ne disent rien de leur chiffre d'affaires, Blablacar revendique une croissance de 200 % par an. Un adulte français sur cinq est membre du réseau qui transporte plus de deux millions de voyageurs chaque mois, soit l'équivalent de quatre mille TGV à deux étages pleins. Quand il a eu besoin d'argent frais pour partir à la conquête du monde (il s'est même installé en Inde), le site a ramassé d'un coup 100 millions de dollars auprès des investisseurs. Cela ne s'était jamais vu en France.

Quant à Airbnb, la société de San Francisco, elle est déjà un géant qui, en moins de dix ans, s'est constitué un « parc » de chambres supérieur à celui de Hilton. Elle aussi n'a aucun mal à trouver de l'argent frais. Sa levée de fonds réalisée en avril 2014 lui a rapporté 450 millions de dollars et a porté sa valorisation à près de 10 milliards de dollars ! De son côté, la société Lending Club permet à des particuliers de prêter à d'autres particuliers. Fini les intermédiaires bancaires. Depuis sa création en 2007, elle a octroyé pour plus de 6 milliards de dollars de prêts. Elle est désormais valorisée plus de 7 milliards de dollars en Bourse.

Même à l'échelle locale, certains chiffres sont éloquents. Le site La Ruche qui dit oui !, qui permet d'acheter de l'alimentation à des producteurs locaux sans intermédiaire, est passé en quatre ans, de 2011 à 2014, de huit cents à plus de cent mille clients qui font près de cinq cent mille commandes par an. Mais tous ces exemples ne constituent que la surface émergée de l'iceberg. Le participatif est par essence atomisé en myriades de petits sites souvent associatifs, voire de simples forums de mise en relation de voisins. Les chiffres les plus fantaisistes circulent pour évaluer l'argent économisé ou celui dégagé par cette économie aux multiples visages, de Nathalie la militante à Denis le chômeur.

Au-delà de l'entraide entre voisins, quel est l'apport d'une encyclopédie gratuite comme Wikipédia ou le temps gagné par l'utilisation du moteur de recherche Google ? 150 milliards de dollars par an aux Etats-Unis, soit 500 dollars par habitant, répond Hal Varian, l'économiste en chef de Google en s'appuyant sur le travail comparatif de trois chercheurs de l'université du Michigan. Qui dit mieux ? Le chercheur du MIT Erik Brynjolfsson évoque, lui, 2 600 dollars par personne par an, soit plus de 500 milliards au total, en se basant sur l'accroissement du temps quotidien passé sur internet...

Si la mesure s'avère ardue, il est en revanche acquis que cette économie modifie les comportements et procure une sacrée soupape en cas de crise. Le sondage de l'observatoire Cetelem indique que près de 60 % des Européens estiment ne pas avoir les moyens de consommer et, naturellement, un sur deux déclare se tourner vers les systèmes d'entraide, d'échange de services et de partage. De la même façon que, depuis des décennies, lorsque les charges sociales deviennent trop élevées et la conjoncture mauvaise, des pans entiers de l'activité traditionnelle basculent dans le travail au noir. La frontière entre cette économie « hors taxe » et la culture collaborative est évidemment floue. Le voisin que l'on dégotte sur internet pour réparer son robinet ou refaire la peinture de sa chambre est une nouvelle porte ouverte au travail non déclaré. Une étude menée en 2009 pour le consortium Visa par le chercheur Friedrich Schneider, de l'université de Linz en Autriche, chiffre à 2 000 milliards d'euros l'économie « grise », soit 20 % du PIB européen. Le développement de l'économie du partage devrait accroître encore ce risque de glissement.

L'avènement du « prosommateur »

Cette autre économie est donc une réalité, même s'il est trop tôt pour en mesurer l'ampleur, mais est-elle irréversible ? Certains veulent le croire et prophétisent déjà l'avènement d'une société post-capitaliste, dominée par le partage entre internautes et la gestion de biens communs.

Pour le philosophe français Bernard Stiegler[1], ce serait le seul moyen de sauver le monde de « la pro-

1. Préface à Michel Bauwens, *Sauver le monde*, Les liens qui libèrent, 2015.

fonde dégradation de la cohésion sociale des sociétés industrielles sur la Terre ». Plus optimistes, des penseurs comme l'Américain Jeremy Rifkin ou le Belge Michel Bauwens entrevoient un nouvel âge de l'humanité où les relations verticales seraient remplacées par des relations entre pairs où chacun est à la fois consommateur et producteur (de savoir, de produits, et même d'énergie) et où les motivations ne sont plus financières, comme c'est déjà le cas avec l'encyclopédie Wikipédia ou pour les logiciels « open source » développés en masse sur le Web par des armées de bénévoles passionnés. Aujourd'hui, le travail collaboratif dépasse l'informatique et les encyclopédies puisque, avec les imprimantes 3D, des groupes de spécialistes enthousiastes peuvent concevoir ensemble des produits bien physiques.

C'est le cas, par exemple, de Wikispeed, fondé par un certain Joe Justice, développeur informatique à Seattle. La structure, qui fonctionne comme Wikipédia, a réalisé la première voiture « open source » avec cent soixante-quinze personnes basées dans vingt pays. Un coupé sportif, ayant passé tous les tests légaux, consommant 1,5 litre au 100 km et vendu un peu moins de 25 000 dollars. Conçue en modules comme un Lego, cette voiture peut être modifiée et améliorée à la demande (le modèle d'origine n'a pas de portes...). Pas de brevet, pas de copyright, pas de salaires, juste des volontaires fondus d'automobile et de collaboratif. Ils se partagent les éventuels bénéfices au prorata de leur contribution...

Leur pari est que le changement de comportement actuel, qui trouve son origine dans la crise, conduira à des effets irréversibles. Les hommes ne voudront plus revenir au rêve de la possession et de la consommation de masse et lui préféreront une société de l'usage et de l'entraide dans des unités gérées localement. L'économiste Michèle Debonneuil appelle ce basculement de la possession de l'objet vers son usage, la civilisation quaternaire. Elle est au cœur de l'économie du partage, mais aussi de certaines innovations dont nous avons déjà parlé, comme l'autopartage largement déployé à Paris avec Autolib'.

Ne nous emportons pas trop vite tout de même ! D'abord, les comportements, s'ils évoluent, gardent une grande inertie. Lorsque le marché automobile américain, puis européen, a entamé son plongeon avec la crise économique de 2008 et l'envolée des prix du pétrole, les grands esprits ont théorisé le déclin de cette industrie et notamment celui des 4X4 honnis des écologistes et victimes de la nouvelle conscience climatique planétaire. Six ans plus tard, en 2014, le marché automobile américain a retrouvé son niveau record de 2007 et les gros tout-terrain, rebaptisés « crossover » sont à nouveau la coqueluche des conducteurs américains mais aussi européens. La société postcapitaliste, chère à Michel Bauwens, devra attendre encore un peu. Comme il le reconnaît lui-même, les deux transitions précédentes, celles de la société d'esclavage de l'Empire romain vers la société féodale du Moyen Age, puis de celle-ci vers la société capitaliste en Europe, ont chacune mis plusieurs centaines d'années pour s'affirmer.

En attendant ce grand jour de libération proto-marxiste, le consommateur profite déjà largement de ce mouvement. Il lui permet d'accéder à moindre coût à des services, de trouver des compléments de revenus et est créateur de lien social. La logique communautaire qui traverse le Web de long en large, notamment avec les réseaux sociaux, s'étend désormais à la proximité physique du quartier.

Mais c'est aussi un mouvement négatif, du moins dans le contexte actuel, puisqu'il est un puissant levier de dérégulation du travail et de défiscalisation de l'activité. Un autre accélérateur de la précarisation de l'emploi qui, de plus, prive l'Etat des ressources nécessaires au maintien de ses missions. A lui donc d'inventer un nouveau cadre et un nouveau mode de fonctionnement adapté.

La machine capitaliste n'attend pas non plus. Alors que l'on prédit sa mort, elle tente d'avaler cette économie rebelle qui la menace. Blablacar, Airbnb ou Uber sont des entreprises très lucratives, qui sont en train de négocier des alliances avec l'Etat pour pérenniser leur activité : paiement de taxes, surveillance des emplois, etc. Des grands noms de l'ancienne économie se lancent dans l'autopartage, comme les loueurs de voiture Avis ou Hertz, tandis que la SNCF vient de constituer en France un concurrent de Blablacar. Parfois c'est la guerre, comme entre les très écolo Amap et les très bobo La Ruche qui dit oui !

Cette dernière est accusée par les partisans des Amap d'être une méchante société capitaliste, bien financée par des milliardaires comme Xavier Niel, et qui donc ne vise que le profit. Un dévoiement de l'esprit collaboratif. En fait, les deux approches coexisteront encore longtemps avec toutes les variations, de la plus commerciale à la plus philanthrope. Il en sera ainsi au moins tant que la prospérité ne sera pas revenue dans nos vieilles nations. Mais même si ce jour béni revient, rien ne sera plus comme avant. La relation aux autres change. L'âge du collaboratif est aussi celui de la transparence. La fin de l'isolement, mais aussi d'une certaine idée de l'intimité.

19

La fin de l'intimité

Derrière une porte discrète de la rue Richard-Lenoir dans le XIe arrondissement à Paris, se cache le siège de La Quadrature du Net, une association de défense des libertés sur internet. De grandes tables et deux ordinateurs sur lesquels s'affairent un jeune homme à boucle d'oreille et barbe clairsemée et une femme, cheveux tirés en arrière, arborant un sweat-shirt aux couleurs de l'association. La cafetière à piston et les bouteilles pour l'apéro traînent au milieu des autocollants à l'effigie de Che Guevara. Adrienne Charmet est une révolutionnaire d'un nouveau genre. Historienne de trente-six ans, elle partage avec ses camarades militants une obsession : ne laisser aucune trace sur le Web.

Une gageure à l'heure où Facebook, Google et Amazon auscultent la moindre de nos respirations numériques. « On a aujourd'hui moins de vie privée qu'à l'époque de la Stasi. Et dire que les gens se scandalisaient lorsque, en Allemagne de l'Est, la police ouvrait les correspondances », se révolte la jeune femme. La méfiance d'Adrienne prend racine dans une vie antérieure quand, pour payer les factures, elle s'occupait de marketing chez Discounteo, un site d'électroménager. « Je pouvais voir en fonction de votre historique d'achat, votre profil, votre localisation, quel produit vous alliez acheter et à quel moment. Par exemple, on sait qu'une mère de famille qui vient d'acheter un four va vite se tourner vers un frigidaire. C'est fou », dit-elle. Anti-geek revendiquée, cette pionnière de l'internet, qu'elle découvre dans les années quatre-vingt-dix, en a eu marre d'être espionnée.

Parano, Adrienne ? Pas vraiment. Nos moindres faits et gestes sont désormais attentivement disséqués. En 2008, raconte le *Wall Street Journal*[1], l'agence américaine de lutte contre la drogue, la DEA, a lancé un grand programme d'installation de caméras pour lire les plaques d'immatriculation des automobiles. Démarré pour pister les trafiquants de drogue le long de la frontière mexicaine, le dispositif a été progressivement étendu à tout le pays. Le système collecte automatiquement les données d'un véhicule, sa localisation, sa direction, l'heure, et même ses occupants. Depuis, la plupart des polices américaines ont adopté des dispositifs similaires. Une immense base de données s'est constituée pour suivre en temps réel tous les mouvements de toutes les voitures aux Etats-Unis. Officiellement pour traquer les malfaiteurs, mais certains l'utilisent déjà pour retrouver ceux qui ne payent pas leurs amendes. Et pourquoi

1. « New tracking frontier : your licence plates », *Wall Street Journal*, 29 septembre 2012.

pas demain pour des usages commerciaux, voire politiques ?

C'est cette peur du Big Brother qui anime les modestes combattants de La Quadrature du Net. Cette figure mythique du totalitarisme moderne, inventée en 1949 par George Orwell dans son roman *1984*, et qui sait tout de vous. « On devait vivre, on vivait, car l'habitude devient instinct, en admettant que tout son émis était entendu et que tout mouvement était perçu », raconte son héros, Winston. Partout dans la ville, les affiches préviennent : « Big Brother is watching you. »

Progressivement, Adrienne s'est donc détournée des outils numériques du quotidien, rendant la vie plus difficile à la NSA, les fameuses grandes oreilles américaines ou à ses équivalents français. Elle est devenue un cauchemar pour tous les pros du marketing. « J'avais un tas d'adresses mails, Gmail, Caramail, La Poste. Un jour j'ai décidé de changer mes habitudes. J'ai acheté un nom de domaine sur Gandi.net et j'ai configuré ma boîte. Puis j'ai appris à chiffrer mes mails », lance la mère de famille. Même démarche pour ses SMS, qui passent par des logiciels de cryptage. Idem pour les navigateurs internet. Fini aussi Google ; elle s'est branchée sur DuckDuckGo dont le slogan est « le premier moteur de recherche qui ne vous espionne pas ». Cette vie numérique monacale est un sacerdoce. « C'est une contrainte d'essayer de se respecter un peu plus, reconnaît-elle. Mais cette démarche m'a fait du bien, car elle m'a forcé à réfléchir à la façon dont fonctionnent les choses. »

« Le concept de vie privée est dépassé »

Le numérique engendre un véritable bouleversement dans la protection de la vie privée, ce droit fondamental inscrit dans la Déclaration des droits de l'homme. Comment protéger son intimité quand de grandes sociétés connaissent tout de nous, quand le pouvoir politique a les moyens de pister nos moindres faits et gestes, quand la NSA a mis en place un système de surveillance de masse auquel nul n'échappe ?

L'énorme machine pleine de données, c'est d'abord nous qui l'alimentons, en confiant sur la Toile une foule d'informations. De nouveaux comportements sociaux qui réjouissent les géants du Net, lesquels vivent de la publicité. En 2010, Mark Zuckerberg, le P-DG de Facebook, affirmait que le concept de vie privée était dépassé, et d'ailleurs que les individus s'en accommodaient très bien. Depuis, le jeune patron milliardaire a adouci ses propos. Et a montré qu'il tenait beaucoup à son intimité, en rachetant les villas avoisinant la sienne à Palo Alto. Vinton Cerf, l'un des pères fondateurs de l'internet, devenu « chief evangelist » chez Google, avait jeté un pavé dans la mare en lançant que « la vie privée pourrait très bien être une anomalie » de l'histoire.

De fait, le concept de vie privée est une invention récente. Il prend son essor après la Révolution française, dans la bourgeoisie du XIXe siècle. Au Moyen Age, la maison n'est pas un espace privé mais public, un lieu où l'on travaille, où l'on dort. Les pièces ne sont pas séparées. Au départ, le désir de l'intime est mal vu. Il est synonyme d'égoïsme, d'intrigue, de complot, rappelle l'historienne Michelle Perrot[1]. Pour Jean-Jacques Rousseau, l'intérêt particulier va à l'encontre de l'intérêt général. Tout doit être soumis au regard public, seul garant de la conscience morale. L'espace privé, héritage des Lumières, qui naît de la séparation du lieu de travail et du domicile, sera sanctifié seulement après la Révolution française. Des lois viennent interdire la perquisition des domiciles sans mandat et protègent les correspondances personnelles.

Le droit à l'intime est donc étroitement lié à l'émancipation de l'individu. « On a besoin d'un espace privé pour se définir. Pour construire son identité. On ne se comporte pas de la même manière en public et en privé », explique l'économiste Patrick Waelbroeck. Les premières réflexions autour de la nécessité de vie privée viennent répondre à la « tyrannie de la majorité » des premières sociétés démocratiques, décrites par Alexis de Tocqueville, dans *De la démocratie en Amérique.*

Sur internet, plus moyen d'être tranquille. Le numérique semble signer la fin de l'intime. Même sur Facebook où l'on pense pourtant être entre amis. Vincent, qui vit à la Réunion, en a fait l'amère expérience, comme le relate la presse locale. « Reprise du taf demain, j'ai autant envie de voir mon guignol de patron que de me pendre. Bon, ça devrait se

1. Michelle Perrot, professeure à l'université de Paris VII-Denis Diderot, « Public, privé et rapports de sexes ».

gérer quand même ! Bonne semaine à tous », dit-il à ses « amis » du réseau social. L'éducateur de l'Association Réseau Oté, spécialisée dans la prise en charge des toxicomanes, n'hésite pas à en rajouter : « Mon taf, en lui-même, c'est cool. Mais mon boss, c'est un boulet, t'imagines même pas ! », dit-il en réponse aux commentaires de son cercle. Voilà qui n'est pas du goût de son employeur, qui le licencie. Vincent, qui pensait s'exprimer dans un cadre privé, porte l'affaire devant les prud'hommes. Mais les juges donnent raison à son employeur, considérant qu'en rendant ses commentaires lisibles aux « amis » de ses « amis », l'éducateur s'est exprimé sur la place publique.

Compte tenu du nombre d'inscrits sur Facebook – plus de vingt millions en France –, les procès restent rares. Car, contrairement au début du réseau social il y a une dizaine d'années, les internautes ne livrent désormais plus que les éléments qui les valorisent. « Sur internet, on cherche une vie brillante, maîtrisable[1] », explique le sociologue Antonio Casilli.

Le numérique brouille la frontière qui sépare vie privée et vie publique. « Les données personnelles servent à autre chose qu'à de la vie privée, et notamment à de la vie publique, à de l'exposition personnelle, à des modèles économiques », relate Isabelle Falque-Pierrotin, la présidente de la Commission nationale de l'informatique et des libertés (Cnil).

1. Colloque *La France dans la transformation numérique : quelle protection des droits fondamentaux ?*, Paris, Conseil d'Etat, 6 février 2015.

Les individus eux-mêmes attendent beaucoup de leurs données personnelles. « Jusqu'à présent, ils demandaient qu'elles soient protégées. Aujourd'hui, ils souhaitent en "faire ce qu'ils veulent", ce qui relève d'un dessein individuel », indique la patronne de la Cnil.

Mon supermarché en sait plus que moi sur ma fille

Surfant sur cette ambiguïté, les géants du Net, les sites d'e-commerce et les sociétés de marketing, comme Criteo, le champion français du « ciblage comportemental », poursuivent le quidam sur internet, analysent et dissèquent chacun de ses pas. « Récemment, j'ai voulu organiser un week-end surprise avec ma copine à Bruxelles et j'ai regardé sur internet pour l'hôtel et la location de voiture. Quelques jours plus tard, on était devant l'ordinateur tous les deux et on a vu apparaître des publicités sur la ville et sur Europcar. L'effet de surprise était complètement raté ! », raconte à l'AFP Mathieu, jeune architecte d'intérieur parisien. Malgré les diverses mesures d'avertissement du consommateur, impossible de réellement savoir qui collecte quoi, et surtout où partent les données. Sur notre smartphone, des dizaines d'applications nous géolocalisent jusqu'à plusieurs fois par minute. « Les individus sont face à un écosystème d'une complexité et d'une puissance extrêmes. C'est toute votre vie, y compris votre vie non marchande, qui est aspirée dans cette relation marchande. C'est radicalement nouveau. Et tout cela profite à un nombre très limité d'acteurs », explique Isabelle Falque-Pierrotin de la Cnil.

L'arrivée du Big Data, qui analyse des données tous azimuts à très grande échelle en vue de faire des prédictions de comportements, rebat encore les cartes de nos vies numériques. « En croisant cinq informations, on a la copie carbone de l'individu », répétait en public l'avocat Alain Bensoussan. Les scénarios les plus noirs, évoquant la possibilité de connaître à l'avance les résultats d'une élection, circulent. Mais sans avoir besoin d'imaginer quoi que ce soit, certains acteurs économiques tirent déjà profit des informations disponibles.

Les magasins Target savent, grâce au Big Data, repérer dans leurs rayons une femme enceinte dès son début de grossesse, comme le raconte le *New York Times*[1]. Il faut dire que Target (« cible » en français), le bien-nommé, exerce plus de contrôle sur son client qu'un agent de la CIA. Chaque nouvel acheteur se voit attribuer un numéro et une fiche comprenant son sexe, sa situation maritale, la distance de son logement avec le magasin, l'estimation de son salaire, les sites web qu'il visite, le type de cartes de crédit qu'il utilise, son origine ethnique, sa profession, son niveau d'endettement... Pour faire fonctionner la machine, il faut déterminer les bonnes corrélations entre les données et bien interpréter les transactions.

C'est le petit miracle qu'a accompli Andrew Pole, statisticien de l'enseigne. Avant même qu'elle ait

1. « How companies learn your secret, *New York Times*, 12 février 2012.

signalé sa grossesse, la femme enceinte reçoit des publicités pour bébés. Ces techniques qui interrogent sur la violation de la vie privée de l'individu ont parfois des conséquences malheureuses. En témoigne, un an après la création par Andrew Pole de l'algorithme « future maman », la visite d'un homme de Minneapolis au magasin Target près de chez lui. Ivre de rage, l'homme brandit au manager des coupons de réduction pour vêtements de bébé et articles de puériculture : « Ma fille a reçu cet e-mail. Elle est encore au lycée. Vous voulez l'encourager à tomber enceinte ? », crie-t-il. Le manager se dit désolé, et rappelle quelques jours plus tard le client mécontent, pour s'excuser à nouveau. Ce dernier lui répond : « J'ai eu une conversation avec ma fille. Elle a visiblement eu des activités chez moi dont je n'étais pas au courant. Elle accouche en août. C'est moi qui vous dois des excuses. » Les magasins Target ont appris, grâce au Big Data, la grossesse d'une mineure à son père.

Du « rançongiciel » à l'espionnage d'Etat

Peut-être parce qu'ils ne s'en rendent pas compte, les internautes ne s'émeuvent pas vraiment de ces pratiques. En revanche, privez-les de leur PC ou de leur smartphone, et leur vie s'écroule. Les cybercriminels ont bien compris la psychologie de l'*homo numericus.* Pour leur soutirer de l'argent, ils brouillent téléphones et ordinateurs et réclament une rançon – quelques centaines d'euros – en échange du déblocage de leurs données. Baptisée « rançongiciel », la technique aurait infecté des millions de PC ces deux dernières années, selon Europol. Evidemment, même quand il paye, l'individu ne retrouve pas forcément son ordinateur.

Le vol de données prend une ampleur industrielle lorsqu'il atteint l'entreprise. La cyberattaque contre Sony en 2014 restera dans l'histoire. Jamais un groupe privé n'avait subi pareil dommage. Le 24 novembre, les salariés de Sony Pictures découvrent sur leur PC l'image d'un squelette rouge au sourire sinistre, accompagné d'un texte : « Nous vous avons prévenus, vous ne nous avez pas écoutés. Nous avons obtenu toutes vos données internes, y compris vos plus grands secrets. Si vous ne nous obéissez pas, nous les livrerons au monde entier », dit le groupe, autobaptisé les Gardiens de la Paix. En cause, *L'Interview qui tue !* un film produit par Sony Pictures, une comédie qui se termine par l'assassinat du président de la Corée du Nord, Kim Jong-un.

La menace est mise à exécution par les pirates qui ont réussi à dérober une centaine de téraoctets de documents, contenant les données confidentielles de sept mille salariés, comme leur nom, leur numéro de sécurité sociale, de Carte bleue, le montant de leur rémunération et leurs ordonnances médicales. Des fiches de salaire, des mails confidentiels et des productions inédites se retrouvent sur la Toile. Les propos de la coprésidente de Sony Pictures, Amy Pascal, évoquant « l'ego surdimensionné » d'Angelina Jolie et les goûts présumés du président des Etats-Unis, Barack Obama, censé aimer les films mettant en scène des Noirs, font scandale. Malgré des excuses publiques, ces échanges, tenus dans un cadre privé, lui coûtent son poste.

A ces surveillances commerciales ou crapuleuses, s'ajoute celle menée par les Etats. Les révélations d'Edward Snowden en 2013 ont montré que la NSA avait mis en place des systèmes de surveillance massive, sans frontière, qui la rendait capable d'écouter n'importe qui à n'importe quel moment, qu'il soit sur son PC, son mobile, chez lui ou sur son lieu de travail. Obligé de réagir, Barack Obama annonce une réforme limitant les pouvoirs de l'Agence. Sans vraiment convaincre. Avec la régularité d'un métronome, les quelque 1,7 million de documents dérobés par le lanceur d'alerte chez son ancien employeur continuent d'alimenter la presse. Début 2015, on apprend que la NSA a réussi à pirater des millions de cartes SIM, ces puces insérées dans les mobiles. Après les caméras qui vous filment en voiture, voici les systèmes qui écoutent vos conversations : le son et l'image !

En France aussi, le pouvoir politique, de droite et de gauche, nourrit une fascination pour des outils permettant de tout savoir. Géolocalisation des individus, accès plus large à leurs données de connexion, fichage des passagers aériens : les dispositifs législatifs de surveillance se sont multipliés ces dernières années. Les attentats contre *Charlie Hebdo* et le supermarché casher de la porte de Vincennes n'ont rien arrangé. Début 2015, un projet de loi accusé d'instaurer des dispositifs de surveillance massive des individus fait scandale. L'impératif de sécurité semble prendre le pas sur les libertés individuelles. Sans résoudre la question du terrorisme. « La solution ne viendra pas des outils techniques, même s'ils peuvent être utiles. Malheureusement, c'est une dérive assez généralisée aujourd'hui de faire peser sur des outils techniques l'essentiel de la réponse », se désole Isabelle Falque-Pierrotin.

Plus la surveillance – publique ou privée – se généralise, plus l'individu met en place des mécanismes de défense. En témoigne le succès des applications « éphémères », telles que Snapchat, dont les messages, les photographies et les vidéos s'effacent quelques secondes après leur utilisation, ou Whisper, une application où l'on partage de manière anonyme ses secrets. Anonymat très relatif, puisque, fin 2014, des milliers de comptes, supposés privés, ont été piratés, et leurs photos mises à la disposition de tous sur internet. Cette fuite a été rendue possible par des applications qui permettent justement de contourner l'effacement des messages en les stockant de manière définitive sur des serveurs.

Face à ce genre de scandale, les géants du Net commencent à donner des gages aux internautes pour éviter de perdre leur confiance. A Munich, début 2015[1], Rachel Whetstone, senior vice-présidente de Google, s'est livrée à une séance de mea culpa inédite. « Google n'a pas toujours eu raison sur les questions de vie privée. Nous en avons tiré les leçons, même si c'était dur. Le droit à l'oubli aussi nous a appris

1. Post de blog « Privacy, Security, Surveillance : Getting it Right is Important », 13 février 2015.

des choses », a lancé la vice-présidente à l'assemblée. Appelée de ses vœux depuis des années par la Cnil française, une jurisprudence de la Cour européenne de justice permet désormais à chacun d'entre nous de demander à ce que Google ne référence plus une information nous concernant, si la demande apparaît comme justifiée. En moins d'un an, le moteur de recherche a reçu deux cent vingt mille demandes de suppression de liens, qu'il a satisfaites à 60 %.

Ce droit à l'oubli dont bénéficient les internautes s'ajoute à d'autres dispositifs de contrôle mis en place par le moteur de recherche. Le citoyen peut désactiver l'enregistrement de ses requêtes, naviguer sans que le moteur conserve son historique, ou récupérer ses données pour aller ailleurs. « Nous voulons que les gens utilisent nos services parce qu'ils les aiment, et non parce que nous tenons leurs données en otages », a-t-elle aussi précisé.

Tout le monde ne va pas, comme Adrienne, devenir un moine soldat de la Toile, et se priver du progrès et des innovations qu'elle nous apporte. Encore faut-il rétablir un certain équilibre entre sociétés privées, Etat et individu. La notion d'intimité, telle qu'elle s'est forgée au XIXe siècle, est en train de laisser la place à un autre monde où chacun sera à la fois plus libre de ses choix et plus observé. C'est vrai pour les citoyens consommateurs comme pour les organisations. Les entreprises aussi bien sûr, mais également les Etats, désormais tout autant surveillés qu'ils nous surveillent. Autre expression du XIXe siècle, la démocratie est désormais, elle aussi, sous pression.

20

Les citoyens sortent de l'ombre

En matière de démocratie sur internet, il y aura probablement un avant et un après l'affaire Cahuzac. Le 19 mars 2013, se dénoue l'un des plus grands scandales politico-financiers de l'après-guerre. Le président de la République, François Hollande, annonce le départ de son ministre délégué chargé du Budget, Jérôme Cahuzac. Trois mois après les révélations du site Mediapart et les investigations engagées par la justice française, l'un des hommes politiques les plus en vue du Parti socialiste s'effondre, et la crédibilité de tout le pouvoir avec lui. Quinze jours plus tard, il reconnaît, sur son site internet, détenir 600 000 euros sur un compte à l'étranger et demande pardon au président de la République. Pour lui, les ennuis ne font que commencer.

Sans attendre, François Hollande annonce, une semaine plus tard, tout un train de mesures pour améliorer la transparence et lutter contre la fraude fiscale et la corruption au sein de l'Etat. Et notamment, l'extension de l'obligation de déclaration de patrimoine et de déclaration d'intérêts de l'ensemble des parlementaires, ministres, membres des cabinets, du Conseil constitutionnel, d'autorités indépendantes et jusqu'au président de la République. Ces informations sont transmises à une nouvelle Haute Autorité de la transparence de la vie publique avec pour mission de les vérifier, de détecter les éventuels conflits d'intérêts, puis de rendre tout cela accessible aux citoyens sur internet. Installée à la fin de l'année 2013, l'administration commence immédiatement son travail de collecte et de vérification.

Vient enfin le moment du dévoilement. En août 2014, en plein cœur de l'été, la Haute Autorité publie près d'un millier de déclarations, librement et facilement accessibles sur son site internet. Et là, déception. Prise par le temps, après six mois d'existence, l'instance se contente de rendre publiques des copies au format PDF de documents remplis à la main. Certains sont franchement évasifs, la plupart sont à la limite de la lisibilité. Le champion toutes catégories de la patte de mouche est l'ancien ministre du Travail Xavier Bertrand. Indéchiffrables pour beaucoup, ces documents ne sont pas exploitables facilement. Impossible donc d'en tirer quelques statistiques simples, du type détermination du salaire moyen des élus ou répartition en fonction de leurs activités professionnelles. Un coup d'épée dans l'eau ?

C'était compter sans la vigilance de RegardsCitoyens. Créée en 2009, l'association attendait avec impatience cette publication prometteuse. Face à la déception, elle décide en quelques heures d'ouvrir un site de travail partagé ouvert à tous (crowdsourcing) et lance, dans la torpeur de l'été, un appel aux internautes sur les réseaux sociaux et les sites internet du *Monde* et du *Parisien*. L'idée folle est de ressaisir intégralement à la main l'ensemble des déclarations des neuf cent vingt-cinq parlementaires sur des fichiers utilisables par tous. Pour déchiffrer l'indéchiffrable gribouillis parlementaire, elle en appelle aux « compétences d'égyptologues, pharmaciens et autres archivistes », avec un principe simple, celui de la triple vérification. Une donnée ou un chiffre n'est jugé valable que s'il a été validé par trois sources indépendantes. En quelques jours, les fourmis bénévoles du Net se multiplient et s'activent. Au pic, l'association enregistrera près de quatorze mille saisies par heure. Une semaine pile plus tard, sept mille neuf cent vingt-quatre citoyens assidus ont achevé le travail. Un magnifique tableur de type Excel présente les situations et chiffres de chacun, triturables à l'infini. Ce que l'administration, avec ses milliers d'informaticiens, n'était pas parvenue à faire en six mois, la multitude des internautes engagés l'a réalisé en six jours ! Et le tout est publié sur le site de l'association : NosDéputés.fr.

Colère sur le Web

La démonstration est faite avec éclat : les internautes sont capables de se mobiliser en masse, quel que soit le moment de l'année, sur un sujet politique, mais en plus, leur alliance est d'une redoutable efficacité. Elue elle-même et présidente du club des élus numériques, Pascale Luciani-Boyer en sait quelque chose : « Il y a une vraie fracture entre le politique et les citoyens, affirme-t-elle. L'accès à la connaissance, la capacité à le faire savoir et la massification constituent une arme dont peu ont encore conscience. » Elle raconte comment elle a mené bataille contre le député-maire de Saint-Maur, l'ex-ministre Henri Plagnol, dont elle était pourtant l'adjointe. Candidate malchanceuse contre lui aux législatives de 2012, elle a contesté son élection pour infraction au code électoral. Son suppléant était déjà suppléant d'un sénateur, ce que la loi interdit. Un peu ballot pour un professeur de droit et ancien secrétaire d'Etat à la Réforme de l'Etat. Elle porte plainte et active les réseaux sociaux. « Plein de gens se sont alors dit : "mais j'ai le même cas dans ma circonscription !" et ont multiplié les recours citoyens au Conseil constitutionnel. » Le sien a abouti et l'élection a été annulée.

Pauvres hommes politiques français, la plupart en sont encore à compter leurs amis Facebook et leurs « followers » sur Twitter, alors que le terrain se déplace vers l'action citoyenne. Ils ont pourtant déjà tâté de la puissance d'internet depuis quelques années. Et de sa rapidité. Il n'a fallu qu'une demi-journée aux « pigeons », en 2013, pour mettre le feu à la Toile avec leur manifeste contre la loi de finance qui pénalisait les créateurs de start-up. Syndicats et partis ont été totalement pris de court. Même chose pour la jacquerie bretonne des bonnets rouges et leur révolte contre l'écotaxe. Ou encore de l'incroyable mobilisation sur le Net en faveur de la légitime défense à la suite de l'agression d'un bijoutier à Nice en septembre 2013. La colère enflamme vite le Web.

Les citoyens surveillent, protestent, mais vont-ils vraiment au-delà ? Le sociologue Dominique Cardon[1], l'un des plus fins connaisseurs des comportements sur internet, nuance l'analyse. « Il y a bien sûr un changement majeur à l'œuvre, mais il se joue dans un espace politique plus large. Dans ce que Pierre Rosanvallon appelle le décentrement de l'espace politique de l'élection vers l'auto-organisation de la vie civile. Et dans ce cadre, c'est vrai qu'internet facilite ce mouvement. » Autrement dit, la société s'organise sans ses représentants, élus ou fonctionnaires. Sous la poussée de l'urbanisation, de la généralisation des diplômes, de la désagrégation des communautés traditionnelles, familles et religion, les individus se définissent désormais par leur autonomie. « Ils veulent être capables de juger et de décider seuls, d'être aux commandes », assure Dominique Cardon.

Et de citer le cas du réseau Education sans frontières (ESF) qui se mobilise depuis dix ans au sujet des enfants sans papiers arrachés à leur école et expulsés de France. Un mouvement qui part du terrain le plus local, les écoles, et sur lequel se greffent des experts capables d'aller porter la parole juridique jusqu'aux préfectures. « Tout cela se joue en dehors de l'espace politique, sous le radar, assure le sociologue. Avec une idée de base qui est au cœur de l'esprit internet : changer la société sans prendre le pouvoir. »

---

1. *La Démocratie internet*, Seuil, 2010.

La guerre de Grillo

Sans prendre le pouvoir ? Ce n'est plus sûr du tout. Beppe Grillo, l'ancien comique italien, ne fait plus rire ses adversaires. Jovial et truculent, ce satiriste de soixante-six ans, à l'abondante crinière grise, est aujourd'hui à la tête de la deuxième formation politique d'Italie. Et sa puissance, il la doit au Web. Tel un vulgaire entrepreneur de la Silicon Valley, il jette désormais à la figure des parlementaires de son pays : « Vous êtes tous morts. » Auditionné par le Sénat en 2009, il leur lance : « Vous êtes antihistoriques, vous êtes vieux, coupés des réalités [...]. Vous allez d'un côté tandis que le monde va de l'autre. » Comique à succès dans les années quatre-vingt, il se lance tôt dans l'activisme. Mais son succès viendra de sa rencontre avec le « technoprophète » Gianroberto Casaleggio qui l'initie au Web.

Son blog devient l'un des plus consultés d'Italie et des plus visités au monde. Avec son humour grinçant, il y développe une rhétorique antipolitique et anti-élite qui fait mouche dans une population traumatisée par les frasques de la période Berlusconi. Sa conviction : le peuple doit s'affranchir des élites et prendre le pouvoir. « Grâce à la toile, les citoyens sont en train d'entrer dans le palais », proclame-t-il. Comme le raconte Jacques de Saint Victor, le trublion entend « se débarrasser des élites comme Wikipédia a sonné le glas des encyclopédies papier[1]. » Et le titre

1. *Les Antipolitiques*, Grasset, 2014.

de leur livre paru en 2011 ne laisse aucun doute sur la nature de leur combat : *Siamo in guerra*, nous sommes en guerre. Le V de la victoire qu'il arbore est aussi le V de *Vaffanculo* (« va te faire foutre »), devenu le cri de ralliement de ses troupes lors de ses V-Days qu'il organise dans toute l'Italie.

Et ça marche. Son Mouvement cinq étoiles, M5S, a rassemblé près du quart des suffrages lors des élections législatives de 2013 et n'a été battu que par la formation du président du Conseil actuel Matteo Renzi. Un an plus tard, il gagne ses premiers députés européens et récolte 20 % des votes. Aux marches du pouvoir, le mouvement se veut 2.0. Tout passe par le blog, toute décision doit retenir l'approbation de la base. Pour l'affiliation au groupe parlementaire européen ELDD, qui rassemble les partis unionistes et certains d'extrême droite, la décision a été soumise à un vote des internautes.

Retour à Athènes

C'est cela la démocratie directe. Comme à Athènes au temps de Socrate et d'Aristote, voici revenu le temps de l'*isègoria*, la prise de parole par le peuple quand il le veut et où il le veut. Grillo n'est pas le premier à avoir remis au goût du jour cette parole citoyenne qui s'exprime sans le filtre des élites. En 2005 en France, Etienne Chouard, professeur d'économie dans un lycée de Marseille, a créé la sensation en agrégeant sur son blog la parole des partisans du non à la Constitution européenne. Les médias et les élites prônaient massivement le oui, il a fait campagne pour le non. Adversaire des politiques professionnels, il défend le système du tirage au sort en lieu et place des élections, seul moyen de représenter le peuple dans les instances de décision. Et débat à l'infini avec ses lecteurs anti-européens et anti-élites. « Internet va-t-il faire craquer le dogme de la Construction européenne, comme l'imprimerie fit craquer la Sainte Eglise ? », s'interroge à l'époque le journaliste Daniel Schneidermann dans son blog. On n'en n'est pas loin.

Ce rêve athénien de démocratie directe a-t-il des chances de s'imposer dans la politique traditionnelle ? En France, une femme politique de premier plan l'a tenté, c'était Ségolène Royal en 2007, lors de la campagne présidentielle où elle affrontait Nicolas Sarkozy. « Cette affaire du référendum de 2005 l'a convaincue qu'il y avait un besoin de débattre. C'est de là qu'est née la plate-forme participative Désir d'avenir », raconte Benoît Thieulin qui a organisé la campagne internet de la candidate socialiste. Sur le site, les gens s'organisent spontanément en région pour faire leurs propositions. En trois mois, les représentants locaux affluent, « il n'y avait qu'à gérer l'abondance, se souvient Thieulin. De plus, s'est enclenché un cercle vertueux. Quand Ségolène passait à la télévision, elle transformait les téléspectateurs en internautes ». Mais cela n'a pas suffi à faire gagner la compagne de l'époque de François Hollande. « Le projet a échoué devant la difficulté d'établir une synthèse entre points de vue contradictoires », analyse Dominique Cardon. La même année, Barack Obama, lui, n'a pas demandé à ses fans de participer à l'élaboration de son programme mais a su fédérer autour des réseaux sociaux une communauté de militants enthousiastes qui se sont répandus sur toute la Toile. Cette stratégie lui a probablement fait gagner les élections.

On touche là un point essentiel, une ligne de fracture entre deux approches. Le Net va-t-il détruire la démocratie représentative, socle de la vie politique depuis plus de deux cents ans et héritage de la pensée des Lumières ? Et au-delà, la promesse d'auto-organisation de la société, que portent internet et ses grands prêtres, n'ouvre-t-elle pas la voie à la fragilisation même des Etats ?

Les pièges du participatif

Cette dérive, anti-élite et anti-démocratie représentative, inquiète Jacques de Saint Victor qui rappelle que si nos régimes politiques ne sont pas exactement démocratiques, c'est pour de bonnes raisons. Il y a d'abord le souvenir des débordements fascistes et nazis qui s'appuyèrent, eux aussi, sur le peuple contre les élites. Et de citer le juriste et professeur de droit Michel Troper, qui explique : « La plupart des Etats occidentaux ne sont pas aujourd'hui des démocraties, mais des gouvernements mixtes dans lesquels le pouvoir est exercé conjointement par des représentants du peuple et par une aristocratie. » Cette dernière est représentée aujourd'hui par une élite de plus en plus lointaine et bureaucratique dont l'exemple le plus abouti est la technocratie bruxelloise. Loin des gens, donc moins légitime. « L'irruption du Web 2.0 renforce ce rejet en laissant croire désormais réalisable le vieux rêve de démocratie directe qui dormait depuis le siècle de Périclès dans les grimoires des facultés de droit », complète Jacques de Saint Victor.

La démocratie directe est celle de la foule. Une masse alternativement intelligente quand elle mobilise ses compétences pour une juste cause, ou terrifiante quand elle se laisse porter par ses émotions. Dans la démocratie directe athénienne, rappelait déjà le révolutionnaire Saint-Just, « tout se mouvait au gré des harangueurs ; la confusion était la liberté ; tantôt les plus habiles, tantôt les plus forts l'emportaient. Ce fut ainsi que [...] les tyrans dépouillèrent le peuple d'Athènes ». N'est-ce pas ce qui se passe avec Grillo et ses imitateurs ? La porte ouverte à toutes les démagogies. Grillo propose par exemple de demander aux Italiens s'ils préfèrent avoir un hôpital performant ou bombarder la Libye... « Cette démocratie du clic serait la pire version de la démocratie des humeurs », conclut Saint Victor qui rappelle que le fondement de la démocratie n'est pas la domination de la majorité mais « la discussion en vue de dégager une majorité ».

Les nouveaux politiques

Mais la rencontre de la montée en gamme d'une population de plus en plus éduquée et individualiste et d'internet appelle forcément à changer les choses. Comme le montre la mobilisation sur le Net, le statu quo n'a aucune probabilité de survie. « Si on veut avoir une chance de toucher les jeunes, il faut faire quelque chose de très différent », reconnaît Denis Payre, un entrepreneur de l'internet qui a fondé son mouvement Nous Citoyens pour justement faire de la politique autrement. Mais il avoue aujourd'hui sa déception. « Nous avons monté ce mouvement pour nos enfants et ceux qui nous rejoignent ont majoritairement plus de quarante ans. » Il raconte que parfois le rejet est physique, lors de discussions ou de distribution de tracts.

Pourtant Nous Citoyens se veut représentatif d'une nouvelle manière de faire. Sur son site, il a mis au point un logiciel qui, à partir des données disponibles désormais de la part de l'Etat, permet d'apprécier la santé financière de sa ville. Une note lui est attribuée (Neuilly-sur-Seine est gratifiée de 20/20 quand sa voisine Levallois-Perret écope de 0/20) et un formulaire tout prêt pour envoyer par mail une demande d'explication à son maire. Ainsi pour Patrick Balkany, le maire de Levallois, le mail l'invite à « tenir compte des recommandations de pilotage financier suggérées pour l'année 2016, à savoir : augmenter les revenus hors dotation de fonctionnement et impôts, réduire les dépenses courantes et les coûts fixes et réduire significativement la dette, notamment en cédant des actifs [...]. Merci de bien vouloir me tenir personnellement informé des décisions budgétaires que vous prendrez pour l'année à venir ». On ne rigole pas avec les vigies citoyennes.

Pour son programme, que Nous Citoyens élabore en vue de présenter un candidat à la prochaine présidentielle de 2017, il organise des discussions sur des propositions qui sont mises en ligne avec appel à contribution. Les adhérents votent, évaluent, proposent. Celle sur l'efficacité de la dépense publique a suscité plus de trois mille contributions. Les idées viennent du sommet mais sont ensuite débattues et modifiées sur la place publique.

C'est un peu la même idée qui prévaut avec la plate-forme Parlement & Citoyens mise au point par l'association Démocratie ouverte. « Participez à l'élaboration de la loi », claironne le site qui propose à un élu de présenter un texte, lequel est soumis aux commentaires, critiques et propositions des internautes. A la suite de quoi un débat est organisé avec l'élu, puis ce dernier annonce son arbitrage, et si les internautes ont l'impression d'avoir été écoutés, ils font eux-mêmes la promotion du projet de loi sur les réseaux sociaux. La première loi élaborée de la sorte avec le sénateur écologiste Joël Labbé a été promulguée en février 2014 et concerne l'encadrement de l'usage des produits phytosanitaires dans l'agriculture. De son côté, le député UMP Bruno Le Maire y défend un projet qui interdirait encore plus le cumul des mandats et en limiterait le nombre consécutif, afin de restaurer la confiance entre citoyens et parlementaires. Seul petit bémol : sur les neuf cent vingt-cinq parlementaires qui peuplent la France, seuls six sont pour l'instant actifs sur cette plate-forme.

Pour le moment, l'écrasante majorité du personnel politique préfère les marchés de villages bien physiques à l'agora du Web. « Quand je rencontre des élus, le numérique évoque pour eux avant tout des problématiques de tuyaux, assure Pascale Luciani-Boyer, l'élue de Saint-Maur, membre du Conseil national du numérique. Et la plupart me renvoient sur leur monsieur numérique. “Désolé, mais moi je m'occupe du handicap, voyez mon collègue en charge des technologies”, me disent-ils. Ils ne comprennent pas que le numérique c'est avant tout des usages, y compris pour résoudre les problèmes des handicapés. » Dans son ouvrage[1], l'élue multiplie les exemples de collectivités qui ont mis en place des procédures de concertation dans des domaines aussi divers que l'éducation, la voirie ou la culture pour montrer que, sur le terrain, malgré tout, les choses changent.

Ces initiatives très locales seront-elles suffisantes pour revitaliser la politique et éviter que ne se creuse encore le fossé qui éloigne les élus de leurs administrés et, plus largement, les élites et la population ? Dominique Cardon fustige « les procureurs de l'espace public numérique [qui] ne parlent jamais pour eux, mais toujours pour les autres. Eux savent, contrôlent, trient la bonne et la mauvaise information, ne sont dupes de rien. Mais autour d'eux, les gens sont naïfs, sectaires, versatiles et impudiques. Ce

1. *L'Elu(e) face au numérique*, Berger-Levrault, 2015.

paternalisme est de moins en moins tolérable dans des sociétés qui s'individualisent en prescrivant la responsabilité, l'autonomie et la diversité. Internet est un instrument de lutte contre l'infantilisation des citoyens dans un régime qui est censé leur confier le pouvoir. En ce sens, le Web incarne l'avenir de la démocratie[1] ». Un avenir qui ne se fera pas, en tout cas, en opposant les élites au peuple.

1. *La Démocratie internet, op. cit.*

Conclusion

A quoi ressemblera le monde de demain ? A celui d'Ibrahima, de Catherine, de Virginie, de Nathalie, de Louis et de tous ceux dont nous avons croisé la route. Sera-t-il meilleur ou pire ? Il semble qu'en 2015, la marche des événements ait repris dans toute sa fureur. L'économie peut apporter la prospérité aux peuples, pas le bonheur ni la paix. Il en va de même de la révolution numérique. Comme tous les bouleversements technologiques de l'Histoire, depuis l'invention du feu il y a presque un million d'années, elle rapproche les hommes et leur donne tout autant l'occasion de s'aimer que de se haïr.

Le feu a créé les longues soirées familiales, les confidences, les récits et les contes. Mais aussi, la puissance et la désolation. L'écriture a enregistré la parole des sages et l'a répandue dans la cité. L'imprimerie a encore démocratisé le savoir, rapproché les cultures mais propagé aussi de nouveaux affrontements religieux, d'abord intellectuels puis physiques. L'électricité, à son tour, a rassemblé les humains sur de plus grandes distances encore, en permettant l'invention du télégraphe puis du téléphone. Même l'ampoule électrique, comme le feu des premiers temps, a changé la face des villes et transformé ses habitants.

Le numérique, et sa dissémination par le réseau internet, parachève l'édifice. Il apporte tout le savoir, à tout le monde, instantanément. Et plus seulement entre les hommes, mais aussi entre les objets. Comme le disait l'essayiste américain Tom Friedman en 2005 à propos de la mondialisation, il « aplatit » le monde (*The World is Flat*[1]). Mais sous l'apparente uniformité, quantité d'aspérités ne demandent qu'à crever cette surface trop lisse.

En même temps, le numérique avive les tentions et dissémine les émotions, les pulsions et les emportements. A la vitesse de la lumière. Car nous ne vivons pas tous sur la même planète. Quand les uns, notamment en Afrique, doivent encore endurer les affrontements ethniques, d'autres souffrent aujourd'hui encore de guerres de Religion aussi terribles et vaines que celles du XVIe siècle entre catholiques et protestants. D'autres encore, principalement en Asie, supportent un développement industriel débridé avec son cortège de tensions sociales et environnementales digne du XIXe européen. Comment imaginer alors que la confrontation avec des sociétés post-industrielles en pleine crise identitaire, comme celles qui s'inventent aux Etats-Unis et en Europe, se passe dans des conditions paisibles ?

1. *The World is Flat : A Brief History of the Twenty-first Century*, Allen Lane, 2005.

Avec internet, le choc est violent. La télévision avait préparé le terrain, internet, lui, orchestre la confrontation. Facebook s'invite dans les révoltes arabes, offre une fenêtre inespérée à la barbarie islamiste et aux propagandes de toutes sortes. La guerre se fait cyber, mais c'est toujours la guerre. Comme le reconnaît l'économiste Daniel Cohen, le vice a encore un bel avenir devant lui.

Pour autant, le nouveau monde ne promet pas d'être pire que l'ancien. Il n'est jamais confortable d'embrasser la modernité. Socrate fustigeait l'arrivée de l'écriture qui figeait la pensée, les moines copistes condamnaient l'avènement de l'imprimerie, Lamartine, l'essor des journaux qui allaient tuer le livre et Wagner, la corruption de « Paris, l'Europe et l'Occident ».

C'était mieux avant, chantent les adversaires du changement, oubliant, ou ignorant, la somme d'épreuves et de douleurs d'un temps où régnaient la faim, la peur, la violence et l'injustice d'une vie trop courte.

Si l'on se préoccupe vraiment des générations futures, comme on fait semblant de le croire, alors laissons-les apprivoiser le monstre numérique. Fabriquer une société qui, comme les précédentes, mêlera plus ou moins harmonieusement le babillage incessant de la Toile et l'émotion d'un tête-à-tête sur un banc de square, la frénésie d'un shopping sur la Toile et la chaleur brouillonne d'un vide-grenier, la praticité d'un cours sur internet et la fascination d'un grand professeur. Aucune société n'en remplace une autre, elles s'hybrident dans cesse. Malgré sa violence, la Révolution n'a pas tué l'Ancien Régime, pas plus que Mao n'a effacé Confucius.

Témoin, lui aussi, d'un grand changement et d'une accélération soudaine du temps, Alexis de Tocqueville constatait en 1840 que « le passé n'éclairant plus l'avenir, l'esprit marche dans les ténèbres ». Et nous marchons à grands pas.

Nombre de chemins se dessinent à travers le brouillard qui nous fait face. Economistes et prospectivistes tentent d'en définir les contours. Sommes-nous à l'aube d'un hypercapitalisme où tout sera marchandise – les corps et les âmes –, porte ouverte à tous les excès et à tous les despotismes ? Nous dirigeons-nous, au contraire, vers un post-capitalisme où le partage remplacera l'échange commercial ? Ou plutôt, quel sera le dosage final entre ces deux solutions extrêmes ?

Enfer ou paradis, libération ou asservissement, le monde que nous dessine la révolution numérique fera de nous et des générations à venir des être différents… et en même temps si semblables dans leurs élans et leurs doutes. Comme Prométhée, nous toucherons à la puissance divine pour nous apercevoir qu'elle est, à nouveau, plus loin que jamais.

Bibliographie

Chris Anderson, *Free !*, 2010.

Gilles Babinet, *L'Ere numérique, un nouvel âge de l'humanité*, Le passeur, 2014.

Michel Bauwens, *Sauver le monde*, Les liens qui libèrent, 2015.

Pierre Bellanger, *La Souveraineté numérique*, Stock, 2014.

Alain Beltran et Patrice Carré, *La Fée et la Servante. La société française face à l'électricité, XIXe-XXe siècle*, Belin, 1991.

Fernand Braudel, *La Dynamique du capitalisme*, Champs-Flammarion, 1985.

Erik Brynjolfsson et Andrew McAfee, *Race Against The Machine*, 2011.

Erik Brynjolfsson et Andrew McAfee, *The Second Machine Age*, Norton, 2014.

Dominique Cardon, *La Démocratie internet*, Seuil, 2010.

Ronald Coase, *The Nature of the Firm*, 1937.

Nicolas Colin, Henri Verdier, *L'Age de la multitude*, Colin, 2013.

Jim Collins, *Ces géants qui s'effondrent*, Pearson, 2010.

Tyler Cowen, *Average is Over, Powering America Beyond The Age of the Great Stagnation*, Plume, 2013.

Emmanuel Davidenkoff, *Le Tsunami numérique*, Stock, 2014.

Martin Ford, *The Lights in the Tunnel*, 2009.

Carl Benedikt Frey, Michael A. Osborne, *The Future of Employment : How Susceptible are Jobs to Computarisation ?*, Oxford University, 2013.
Jaron Lanier, *Who Owns the Future*, 2013.
Pascale Luciani-Boyer, *L'Elu(e) face au numérique*, Berger-Levrault, 2015.
Jacques Marceau, *Quelle santé pour demain ?* ouvrage collectif, éditions alternatives, 2014.
Frédéric Martel, *Smart, Enquête sur les internet*, Stock, 2014.
Viktor Mayer-Schönberger, Kenneth Cukier, *Big Data : la révolution des données est en marche*, Laffont, 2014.
Bruno Patino et Bruno Fogel, *La Condition numérique*, Grasset, 2013.
Michelle Perrot, *Histoire la vie privée, volume 4*, sous la direction de Philippe Ariès et Georges Duby, Points, 1999.
Lucien Rapp, *Les Moocs, révolution ou désillusion ?*, Institut de l'entreprise, 2014.
Jeremy Rifkin, *La Nouvelle Société du coût marginal zéro*, Les liens qui libèrent, 2014.
Jacques de Saint Victor, *Les Antipolitiques*, Grasset, 2014.
Michel Serres, *Petite Poucette*, Le Pommier, 2012.
Michel Volle, *Iconomie*, Economica, 2014.

Remerciements

Un grand merci à Annie et Benoît qui ont supporté nos week-ends chargés, nos vacances studieuses et nos obsessions quotidiennes. Mais aussi…

A Alexandre Wickham pour son intransigeance et sa patience.

A Mylène, Julien, Simon, Alice, Christophe, aux Salut c'est cool et à tous les jeunes qui nous montrent la voie.

A tous nos interlocuteurs, patrons, salariés, indépendants, artistes, consultants qui nous ont reçus prenant sur leur temps pour nous parler de leurs doutes et de leurs espoirs.

A Daniel Cohen, Philippe Lemoine, Nicolas Colin et tous les économistes et chercheurs qui ont éclairé notre voyage dans le capitalisme 3.0.

A tous ceux qui nous ont précédés sur ce chemin, éclairant de leurs ouvrages ce paysage complexe et imprévisible.

A Solveig et ses conseils affûtés.

Table

TROISIEME PARTIE

TOUS CONTRE GOOGLE !

QUATRIEME PARTIE

LES NOUVELLES LOIS DU CAPITALISME 3.0

DU MEME AUTEUR

Philippe Escande

Le grand bestiaire des entreprises, Eyrolles, 2009.

Les pirates du capitalisme : comment les fonds d'investissement bousulent les marchés, en collaboration avec Solveig Godeluck, Albin Michel, 2008.

Les médailles d'Algérie : l'histoire de l'Algérie de 1830 à 1962 par les médailles, Curutchet, 1996.

Composition Nord Compo
Impression CPI Bussière en août 2015
Editions Albin Michel
22, rue Huyghens, 75014 Paris
www.albin-michel.fr
ISBN : 978-2-226-31914-2
N° d'édition : 21367/01 – N° d'impression : 2015924
Dépôt légal : octobre 2015
Imprimé en France